Harburger Straße

Lüneburger Straße

Wittinger Straße

Torplatz

Fritzenwiese

Stadtgraben

Aller

Neumarkt

Nordwall

Nordwall

Thaer's Geburtshaus
Seite 50

Schuhstraße

Brandplatz

Am Heiligen Kreuz

Fritzenwiese

Oberlandesgericht
Seite 32

Kanzleistraße

Neue Straße

Steintor

Im Kreise

Kunstmuseum
Seite 68

Stadtkirche
Seite 20

Altes Rathaus
Seite 28

Zöllnerstraße

Kleiner Plan

Stadtmauer
Seite 42

Schloßplatz

Schloss
Seite 14

Bomann-Museum
Seite 68

Stechbahn

Mauernstraße

Schlosspark
Seite 18

Rundestraße

Poststraße

Hoppener-
Haus
Seite 34

Bergstraße

Synagoge
Seite 25

Großer Plan
Seite 46

Südwall

Wehlstraße

Thaer-
platz

Westcellertorstraße

Stadtgraben

Bieneninstitut
Seite 68

Haesler-Häuser
Seite 55

Italienischer Garten

Katholische
Kirche
Seite 24

Französischer Garten
Seite 26

Neues Rathaus
Seite 30

Kanonenstraße

Magnusgraben

Maulbeerallee

Blumlage

Altstädter Schule
Seite 54

Magnusstraße

Garnisonskirche
Seite 30

Stadtpark

Langensalzaplatz

Wehlstraße

Sägemühlenstraße

Celler Badeland
Seite 71

77er-Straße

Hostmannstraße

Dieses Buch gehört:

_____

In dieses Buch
ist das Hineinzeichnen
und Hineinschreiben
ausdrücklich
erlaubt!

Florian Friedrich
Illustrationen von Peter Fischer

Celle
entdecken & erleben

Das Lese-Erlebnis-Mitmach-Buch
für Kinder und Eltern

Mit 307 Abbildungen

EDITION TEMMEN

Zu diesem Buch

Hallo Kinder, ich bin **Leo**. Ihr findet mich in Celle auf verschiedenen Wappen. Da bin ich dann der Lüneburger Löwe und ganz blau eingefärbt. Auf den alten Brunnen der Stadt bin ich golden. Und außerhalb der Stadt lebt sogar einer meiner echten Brüder – im Filmtierpark.

Hallo, liebe Kinder,
hallo, liebe Eltern, Großeltern,
Verwandte und Freunde,

mit diesem Lese-Erlebnis-Mitmach-Buch könnt ihr eine interessante Reise durch Celle unternehmen. Es gibt viel zu entdecken. Und dieses Buch erklärt ein paar wissenswerte Hintergründe. Zum Beispiel erfahrt ihr gleich am Anfang, dass Celle eigentlich woanders gegründet und später verlegt wurde. Dem Glanz vergangener Zeiten spürt ihr nach, als Celle noch die Residenz des Fürstentums Lüneburg war und im Schloss die herzogliche Familie wohnte. Aber auch über stolze und erfinderische Bürger wird viel berichtet. Und selbstverständlich erfahrt ihr auch schnell, wofür Celle in der ganzen Welt bekannt ist.

Die vielen alten Fachwerkhäuser geben der Stadt ein unverwechselbares Gesicht. Und auch die Dörfer des Landkreises könnt ihr entdecken. Im Umland von Celle wird beispielsweise seit fast fünf Jahrhunderten Papier hergestellt und wurde weltweit zuerst nach Erdöl gebohrt. Ausflugsziele, Adressen und Telefonnummern findet ihr am Ende des Buches. Auch für Übersichtskarten ist gesorgt, damit die Orientierung leichter fällt. Den vier Tieren auf dieser Seite werdet ihr im Buch an verschiedenen Stellen wieder begegnen. Sie kennen so manche Geschichte über die Celler. Die Rätselfragen im Buch könnt ihr aber auch sicherlich ohne die Hilfe der Tiere beantworten. Spätestens vor Ort werdet ihr die richtige Antwort herausfinden. Wenn ihr nicht sicher seid, dann fragt ruhig jemanden. Ein echter Cellenser sollte euch die Antwort geben können.

Kleiner Tipp: Bei Rätselantworten werden Umlaute ausgeschrieben. Die Lösungen findet ihr am Buchende.
Und jetzt viel Spaß und Freude in Celle.

Ich bin die Bienenkönigin **Sophie.**
Mein Reich ist das Institut für Bienenkunde in Celle. Ich kann euch im Buch aber auch schlaue Tipps zu anderen Orten geben. Meinen Namen trage ich in Erinnerung an die letzte Celler Prinzessin Sophie Dorothea – die ungekrönte Königin.

Gestatten, Bock.
Aber ihr dürft mich **Herr Bock** nennen. Immerhin war ich schon einmal »Mister Müden« bei der Bockauktion in Müden an der Örtze. Meine Vorfahren haben die alten, riesengroßen Heideflächen immer wieder abgefressen. Dadurch wird die Heide verjüngt. Damals gab es noch viele Tausend von uns. Heute sind wir wichtig zum Erhalt der letzten Heideflächen.

Mein Name ist **Amoroso.**
Mein Titel ist Landbeschäler. Das heißt, ich bin einer der besten und begehrtesten Hannoveraner Hengste im ganzen Land. Zu Hause bin ich im Celler Landgestüt und zeige euch gerne meine schöne Heimatstadt.

Inhalt

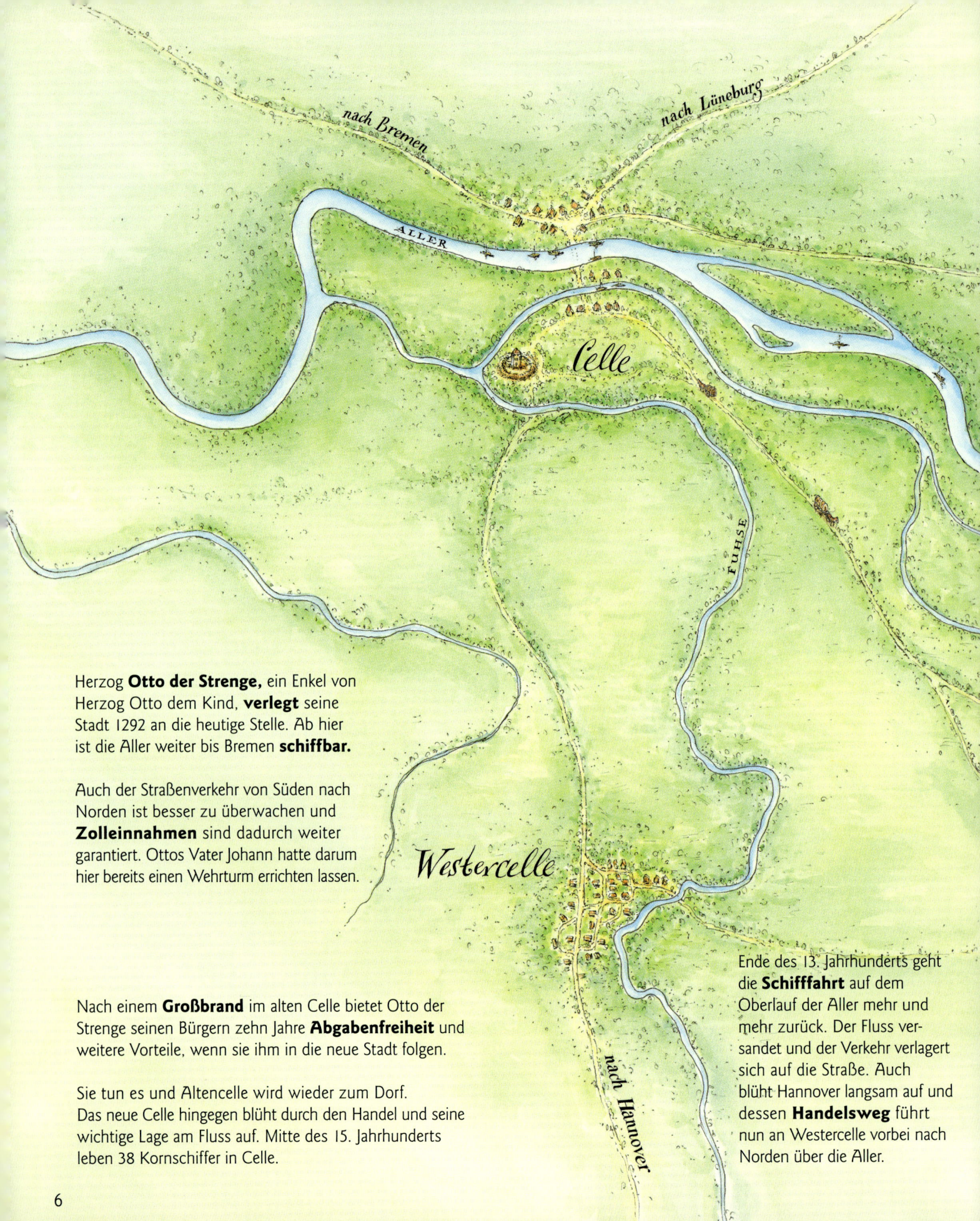

nach Bremen

nach Lüneburg

ALLER

Celle

FUHSE

Herzog **Otto der Strenge,** ein Enkel von Herzog Otto dem Kind, **verlegt** seine Stadt 1292 an die heutige Stelle. Ab hier ist die Aller weiter bis Bremen **schiffbar.**

Auch der Straßenverkehr von Süden nach Norden ist besser zu überwachen und **Zolleinnahmen** sind dadurch weiter garantiert. Ottos Vater Johann hatte darum hier bereits einen Wehrturm errichten lassen.

Westercelle

Nach einem **Großbrand** im alten Celle bietet Otto der Strenge seinen Bürgern zehn Jahre **Abgabenfreiheit** und weitere Vorteile, wenn sie ihm in die neue Stadt folgen.

Sie tun es und Altencelle wird wieder zum Dorf. Das neue Celle hingegen blüht durch den Handel und seine wichtige Lage am Fluss auf. Mitte des 15. Jahrhunderts leben 38 Kornschiffer in Celle.

Ende des 13. Jahrhunderts geht die **Schifffahrt** auf dem Oberlauf der Aller mehr und mehr zurück. Der Fluss versandet und der Verkehr verlagert sich auf die Straße. Auch blüht Hannover langsam auf und dessen **Handelsweg** führt nun an Westercelle vorbei nach Norden über die Aller.

nach Hannover

Kellu – das alte Celle

Die Geschichte beginnt im heutigen Dorf **Altencelle** – der ursprünglichen Stadt. Die älteste urkundliche Erwähnung stammt aus dem Jahr 993. Damals heißt der Ort noch **Kellu**. Das bedeutet Siedlung am Fluss oder an der Bucht. Um 1240 gibt Herzog **Otto das Kind** dem Ort das **Stadtrecht**.

Die **Stadt am Fluss** hat eine günstige Lage. Auf der Aller wird Getreide von **Braunschweig nach Bremen** geschifft und der Fluss kann durch eine Furt (flache Stelle) durchquert werden.

Die sogenannte **Nienburg** bewachte darum wohl bereits in karolingischer Zeit (um 800) den wichtigen Flussübergang und Ende des 10. Jahrhunderts baut **Graf Bruno** eine Burg.

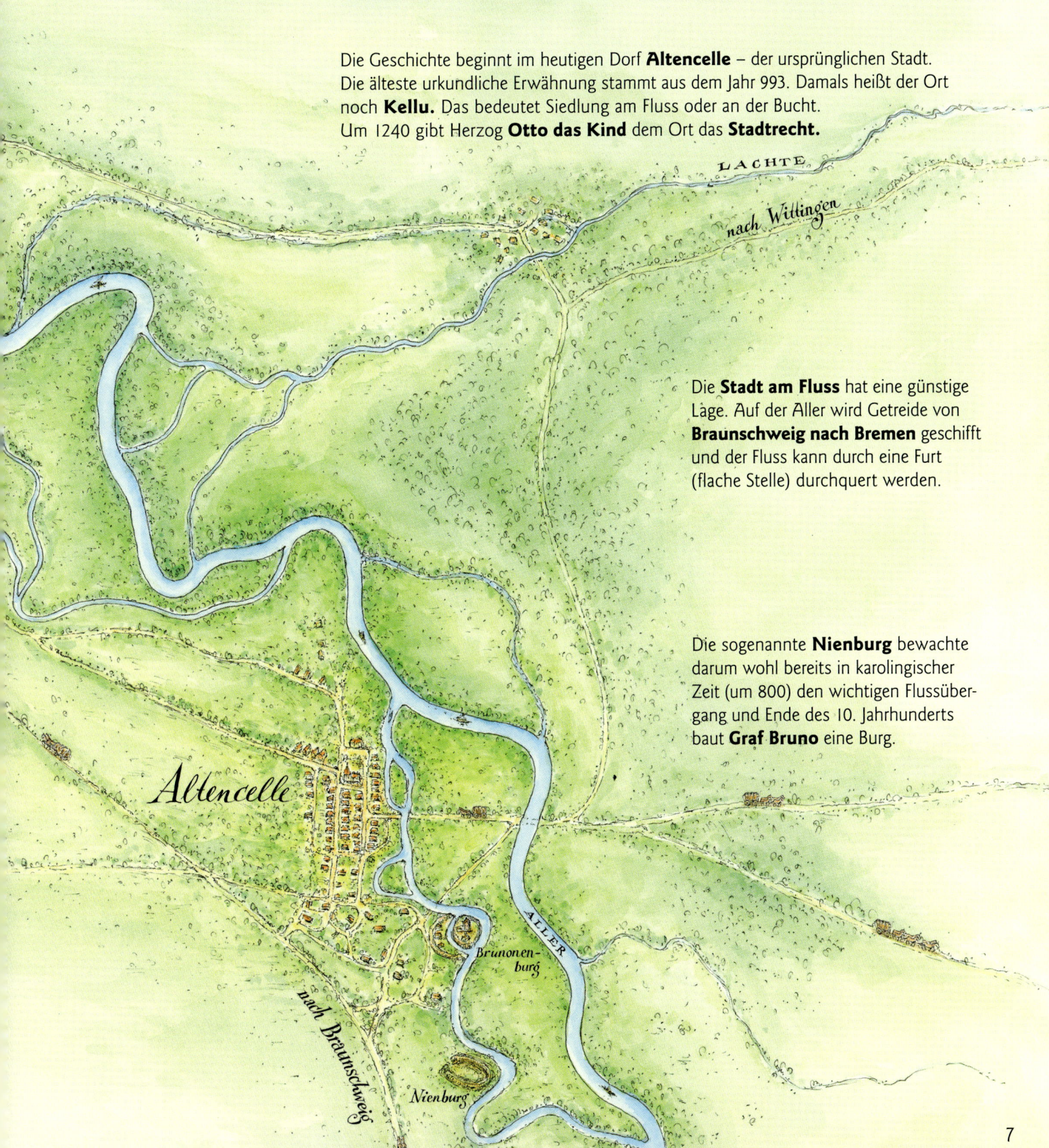

Die mittelalterliche Stadt

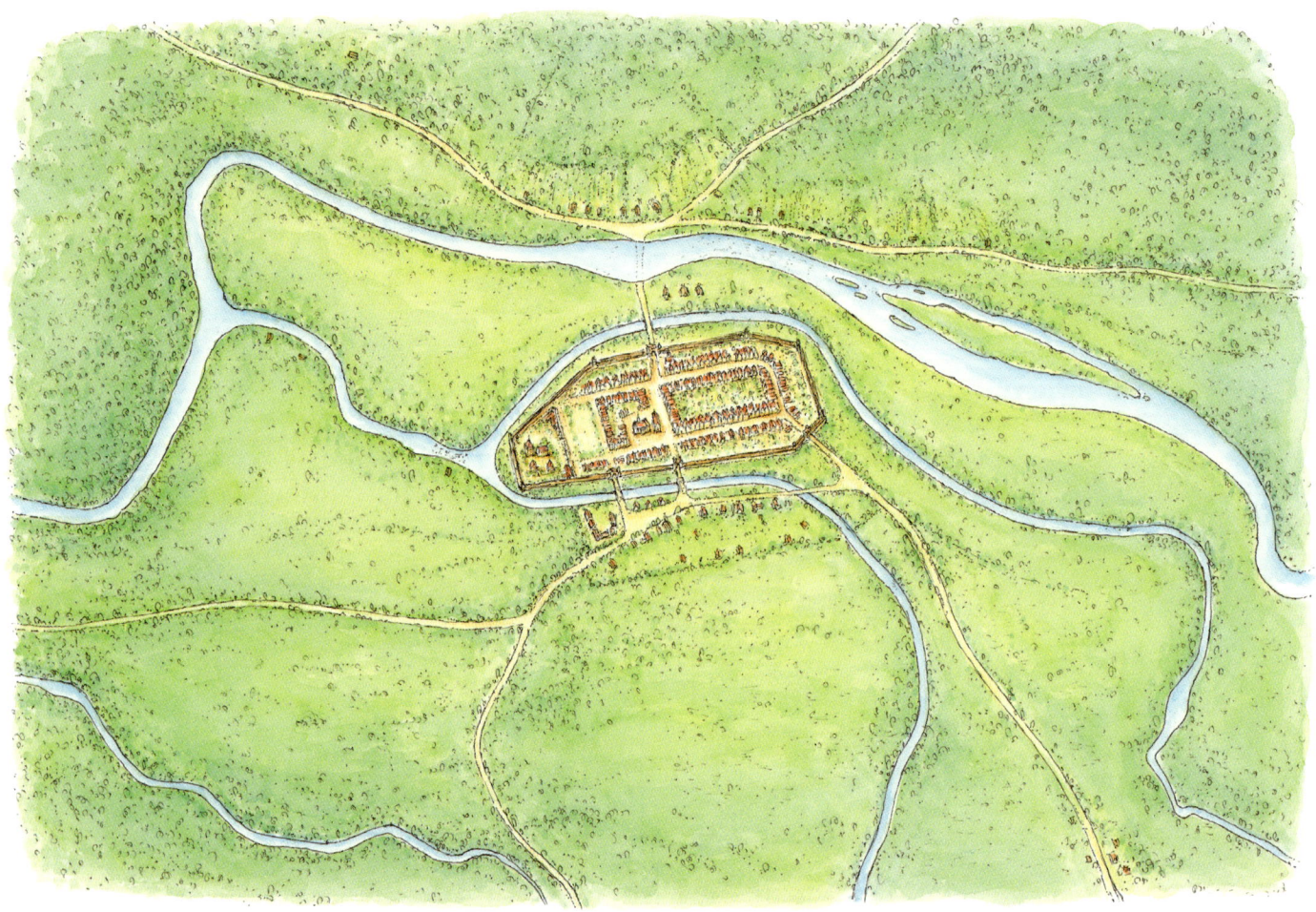

Celle ist eine **planmäßig angelegte Stadt.** Zuerst werden um 1300 die Ritterstraße (heutige Kanzleistraße), die Schuhstraße, die Zöllnerstraße und die Stechbahn bebaut. Die Bürger leben größtenteils von **Handel und Handwerk** und betreiben zum Teil auch noch **Ackerbau und Viehzucht.** Die Straßen sind noch unbefestigt und der Unrat wird einfach vor dem Haus entsorgt. Es ist oft ziemlich schmutzig.

Im Mündungsdreieck von Fuhse und Aller lässt sich die Stadt gut verteidigen. Die Stadtmauer hat vier Tore. Die erste Allerbrücke (Helingh Brugghe) wird 1325 erwähnt. Der Handel blüht auf. Besondere Bedeutung bekommt Celle aber erst 1378 im **Lüneburger Erbfolgekrieg.** Nachdem die Lüneburger die herzogliche Burg auf dem Kalkberg zerstört haben, wird das Schloss in Celle 1433 zur dauernden **Residenz des Fürstentums Lüneburg.**

Noch im 14. Jahrhundert wird die **Neue Straße** als innerstädtische Erweiterung angelegt. Sie teilt den Bereich zwischen Zöllnerstraße und Schuhstraße. Auch die heutigen schmalen Querstraßen entstehen nun. Die Stadt wächst, hat aber deutlich weniger Einwohner als Braunschweig, Lüneburg oder Bremen.

Celle im Dreißigjährigen Krieg

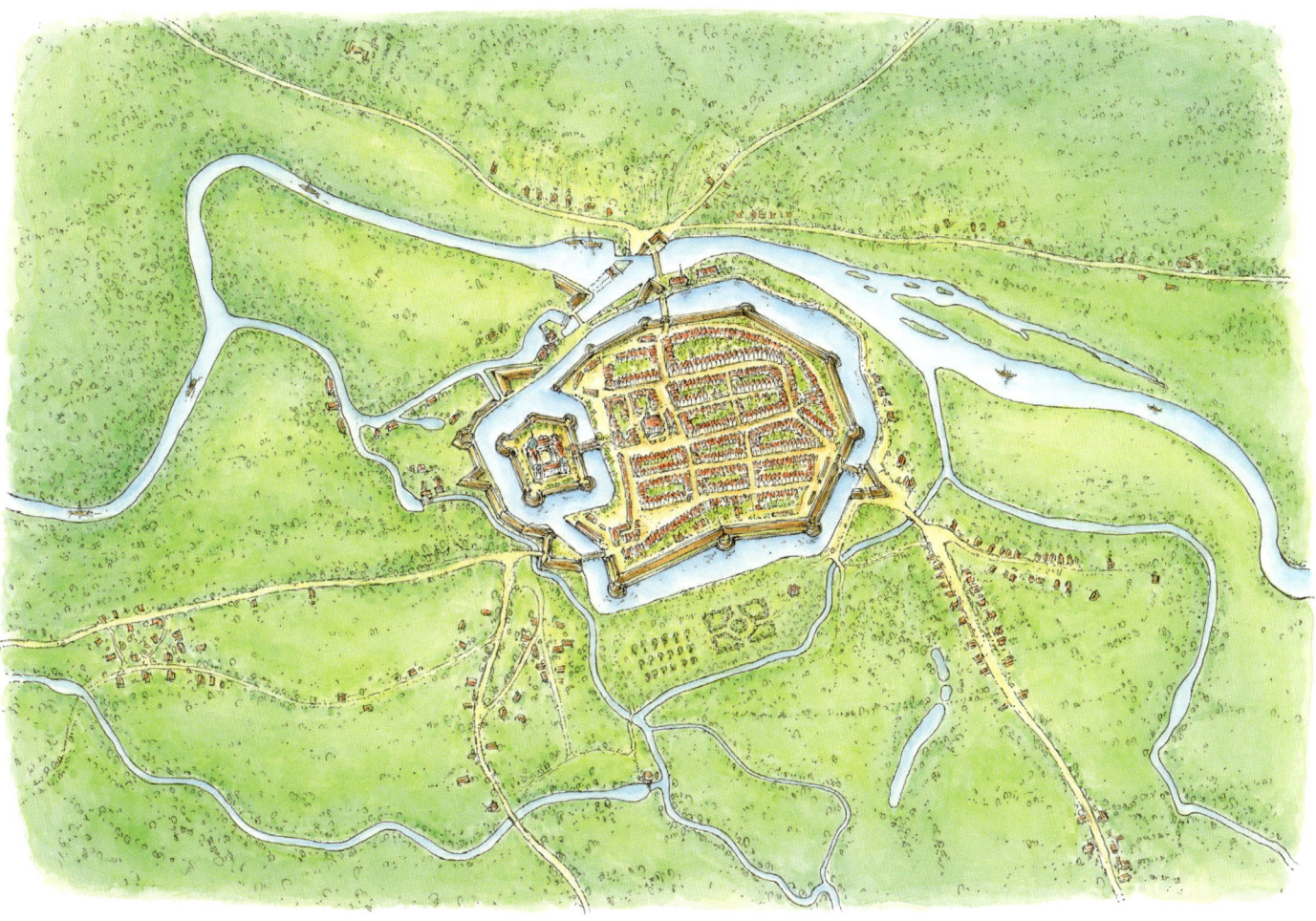

Im 16. Jahrhundert wird die Stadt unter Herzog Ernst dem Bekenner **nach Süden erweitert.** Es kommen die Wallstraße (heutige Rundestraße und Mauernstraße), die »Blomenstrate« (heutige Bergstraße) und der Platz »Up dem Schilde« (heutiger Großer Plan) dazu. Der dort bisher liegende Vorort Blumlage wird nach Osten verlegt. Der Verlauf der Fuhse wird geändert. Auch die **Befestigung** wird ausgebaut. Die Stadt hat nun nur noch drei Tore: das Altenceller-, das Westceller- und das Hehlentor.

In der Zeit des Dreißigjährigen Krieges (1618–1648) wird Celle zu einer Festung ausgebaut. Die Wälle werden verstärkt und die Tore zusätzlich mit **Schanzen** gesichert. Dafür werden Häuser abgerissen und die Bewohner nach Westen in den neu-geschaffenen Vorort Neustadt umgesiedelt.

Der **Stadtgraben** hat eine Breite von fast 50 Metern. Seit 1623 besitzt Celle eine eigene Kanonengießerei und ab 1626 eine ständige **Garnison.** Belagert oder besetzt wird die Stadt in dieser Zeit nicht. Sie bewahrt sich eine »bewaffnete Neutralität«. Aber das Umland hat zu leiden.

9

Das barocke Celle

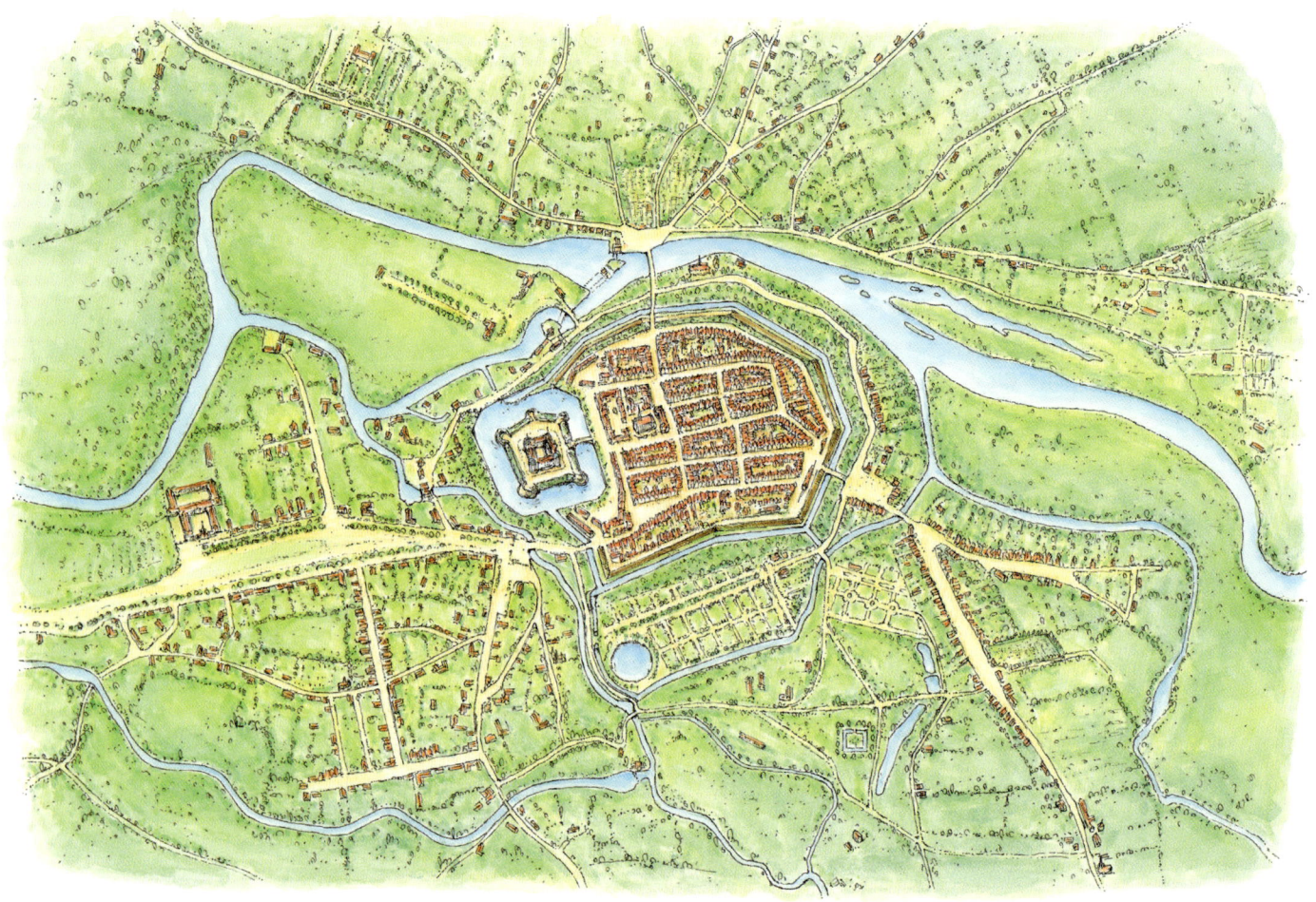

Nach dem Dreißigjährigen Krieg werden die **Verteidigungsanlagen zurückgebaut** und die Wälle mit Bäumen bepflanzt. Es regieren als Herzöge nacheinander die Brüder Christian Ludwig und Georg Wilhelm. Ihre aufwendige Hofhaltung zieht viele **Künstler aus Frankreich, Italien und den Niederlanden** nach Celle. Viele Jagdeinrichtungen sowie der Französische und der Italienische Garten werden angelegt. Die Stadt und ihre Vorstädte wachsen.

Vor dem Westcellertor will Herzog Georg Wilhelm ab 1690 eine planmäßige **barocke Vorstadt** bauen. Kleine Palais entstehen für die feine Hofgesellschaft. Handwerker und erste Manufakturen werden im Bereich Breite Straße angesiedelt. Die Bürger der Stadt ärgern sich über die drohende Konkurrenz und versuchen sie zu verhindern. Wohl auch deshalb wird der Plan des Herzogs nicht komplett umgesetzt.

Celles Zeit als Residenzstadt endet 1705 mit dem Tode Georg Wilhelms. Die Hofgesellschaft kehrt der Stadt den Rücken. In die feinen Häuser der Höflinge ziehen nun vor allem adelige Beamte. Durch Einrichtung des höchsten Gerichtes, des Zuchthauses und des Landgestüts entwickelt sich Celle **von der Residenz- zur Beamtenstadt.**

Die gründerzeitliche Stadt

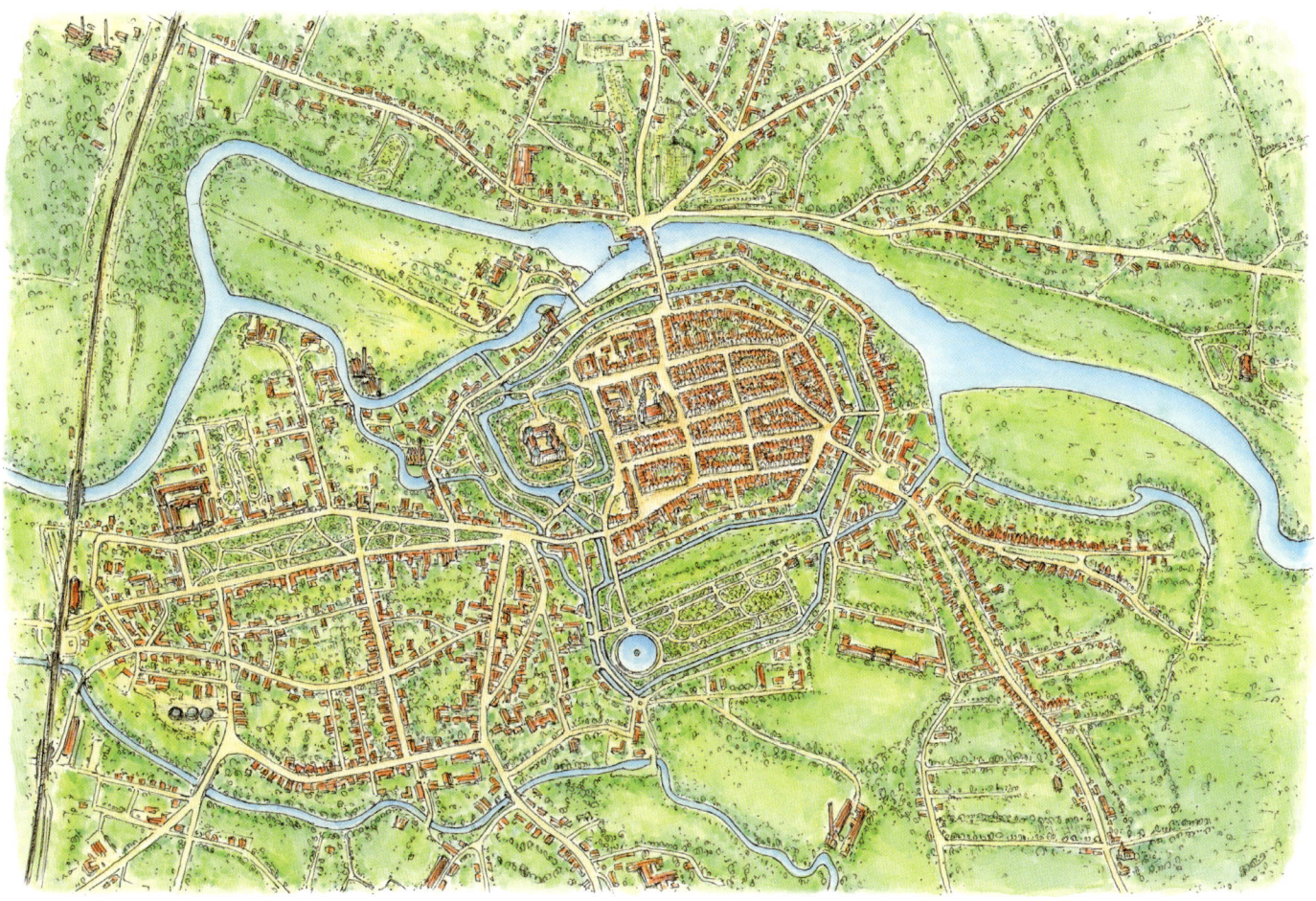

Im Jahre 1845 bekommt Celle einen **Eisenbahnanschluss.** Die Bürger befürchten zu Unrecht, dass dadurch Stadt und Land veröden werden. Das Gegenteil ist der Fall: Landwirtschaft und Industrie erleben einen **Aufschwung** und viele neue Arbeitsplätze entstehen.

Die Hostmann-Steinberg'sche Farbenfabrik wird 1817, die weltweit liefernde Schirmfabrik Hugo 1836 und die Wollgarnfabrik Bomann 1837 gegründet. Besondere Bedeutung erlangen ab 1879 die Dämmstoffherstellung von Haacke, ab 1891 die Zwieback-, Keks- und Schokoladenfabrik von Trüller und die 1892 begonnene Herstellung der Berkefeld-Filter.

Die **Bevölkerung wächst enorm** und die Verhältnisse in der Innenstadt werden immer beengter. Die letzten alten Verteidigungsanlagen werden zurückgebaut. Die Trennung zwischen Stadt und Schlossbezirk wird endgültig aufgehoben. Die **Eingemeindung der Vorstädte** erfolgt 1869 und das Stadtgebiet wird auf diese Weise ausgedehnt.

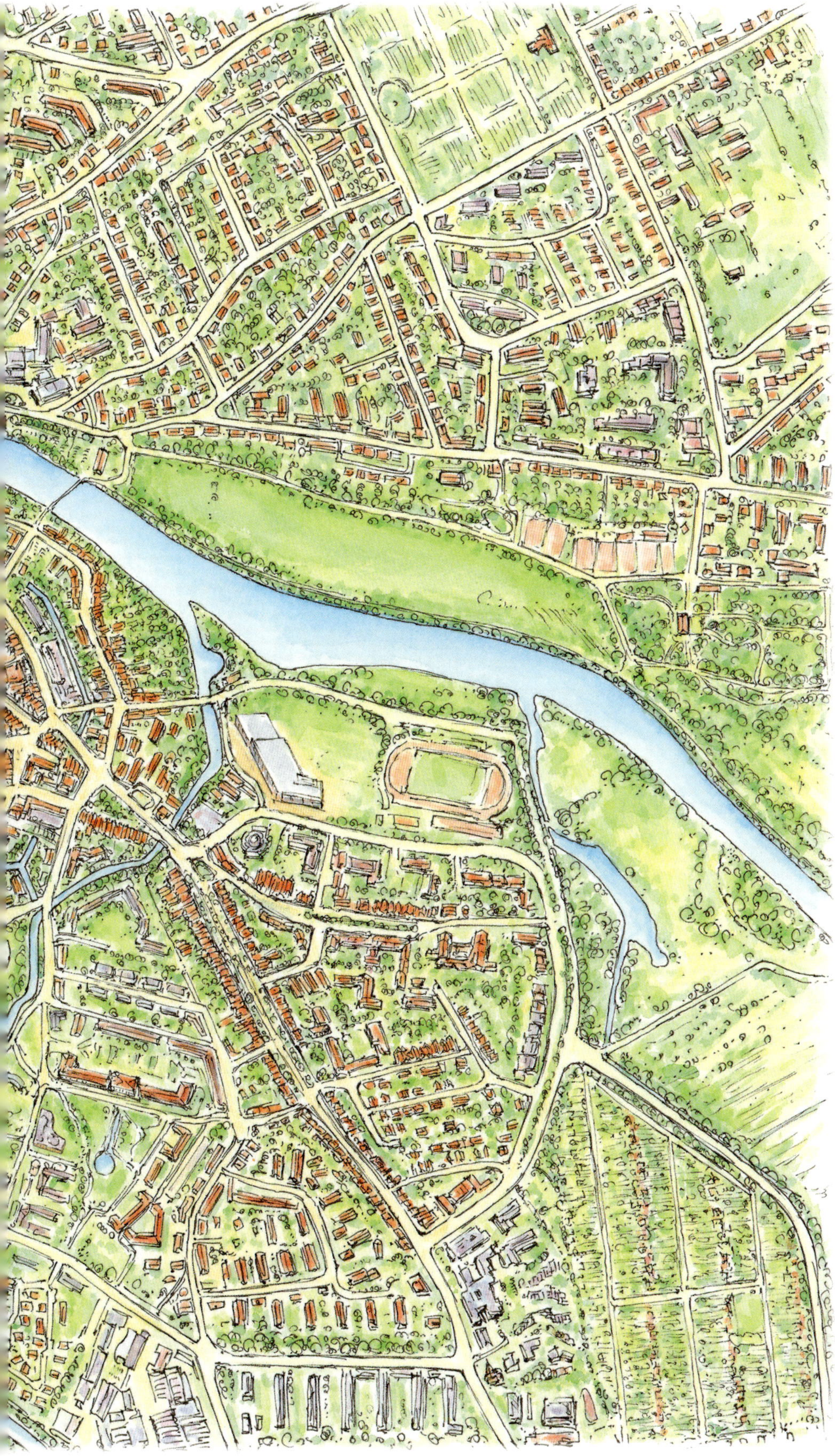

Celle heute

In beiden Weltkriegen bleibt die Celler Innenstadt vor Zerstörungen bewahrt. Darum hat sie noch immer ihr **geschlossenes Fachwerkensemble.** Dies ist eine der Besonderheiten, die Celle von vielen anderen Städten in Niedersachsen unterscheidet.

Die **Flüchtlingswelle** am Ende des Zweiten Weltkriegs lässt die Bevölkerung sprunghaft ansteigen. Die Ortsteile wachsen, ganze **Wohnsiedlungen** entstehen neu und werden durch Straßen erschlossen.

Traditionell ist die Allerstadt ein Zentrum der Erdölförderung und **Bohrtechnik.** Diese Erfahrungen werden gebündelt, um mit Forschung im Bereich der Erdwärme einen weiteren Schritt in die **Zukunft** zu tun.

Tradition und Moderne stehen in Celle eng beieinander.

Welfenschloss

Das wichtigste Gebäude der Stadt ist das Schloss. Seit 1433 war es **Residenz der Herzöge** von Braunschweig-Lüneburg und das Machtzentrum des Fürstentums.

Bereits vor der Stadtgründung stand an dieser Stelle ein Wehrturm, der den wichtigen Allerübergang bewachte. Das Fundament dieses ersten Turms befindet sich unter dem Nordflügel des heutigen Schlosses. Auf der Zeichnung ist das hinten rechts, unter dem Schlosstheater.

Das Schloss wurde ständig erweitert und wuchs mit der Bedeutung seiner Bewohner. Seine größte Blüte erlebte es in der Regierungszeit des letzten Celler Herzogs. Aus dieser Zeit stammt der **barocke Ausbau** mit den vier geschlossenen Flügeln.

Das Celler Welfenschloss gehört heute zu den bedeutendsten Schlössern Niedersachsens. Im **Residenzmuseum** erfährst du viel über die Geschichte der herzoglichen Familie und das Gebäude.

Dort kannst du im Inneren viel **entdecken und erleben,** selbst in den Krönungsmantel schlüpfen und dir die Krone aufsetzen. Der Glanz vergangener Zeiten ist hier noch zu sehen.

Die Welfen haben ihr Celler Schloss **niemals verpfändet.** Heute würde man sagen, sie haben nie eine Hypothek dafür aufgenommen. Das zeigt, wie wichtig es ihnen war.

① Schlosstheater
② Staatsgemächer
③ Königssaal
④ Schlosskapelle

Kapelle, Theater und Staatsgemach

Das Celler Schloss beherbergt manche kulturelle Kostbarkeit. Der künstlerische Höhepunkt ist die **Schlosskapelle.** Sie wurde um 1485 in der Regierungszeit Herzog Heinrichs des Mittleren geweiht. Sein Sohn Ernst baute sie weiter aus. Dessen Sohn Wilhelm der Jüngere gab ihr schließlich 1570 das heutige Aussehen. Die **frühprotestantische Bemalung** stammt vom Antwerpener Meister **Marten de Vos.** Die gut erhaltene Renaissanceausstattung macht die Schlosskapelle einzigartig in ganz Deutschland.

Herzog **Wilhelm der Jüngere** prägte nicht nur das Aussehen der Schlosskapelle. Er **reformierte** auch die Verwaltung des Landes, förderte den Handel und führte das **Hofgericht** ein. Fromm betend ziert er den linken Flügel des Altars in der Schlosskapelle. Direkt betreten kannst du die Kapelle leider nicht. Aus konservatorischen Gründen dürfen Besucher nur durch eine Glasscheibe sehen. Es lohnt sich trotzdem.

Eine weitere Besonderheit ist das **Schlosstheater**. Es wurde 1674 auf den Grundmauern des alten Burgturms gebaut. Baumeister war der Italiener Arighini, der auch für die **barocke Außenfassade** des Schlosses verantwortlich war. Das Theater wurde oftmals **renoviert und umgestaltet**. Seit 2012 ist es wieder in den Zustand versetzt wie zu Zeiten von **Caroline Mathilde** im 18. Jahrhundert.

Anfangs hieß das Schlosstheater noch **Komödiantensaal.** Ab 1690 verpflichtete Herzog Georg Wilhelm eine **italienische Theatergruppe,** die vor allem Opern aufführte. Als Zuschauer waren ausschließlich Mitglieder der **Hofgesellschaft** zugelassen. Das änderte sich erst im 18. Jahrhundert.

Seit 1950 hat das Schlosstheater ein **eigenes Ensemble**, das seit 1957 ganzjährig spielt. Das Celler Schlosstheater ist das **älteste bespielte Theater** in Deutschland.

Viele Räume des Schlosses sind zu besichtigen. Du erfährst viel über die Bau- und Entwicklungsgeschichte und die **Geschichte der Residenzzeit.** Auch die hannoversche **Landesgeschichte** wird umfassend gewürdigt. Beeindruckend sind die **Stuckarbeiten** des Italieners Tornielli. Insgesamt 16 Räume gestaltete er für Herzog Georg Wilhelm. Der wollte sein Celler Schloss genauso schön haben, wie er es von seinen Reisen nach **Italien** kannte und liebte.

Einen Einblick in die Lebensart eines Herrschers im Absolutismus bieten die barocken **Staatsgemächer.** Im hier gezeichneten **Paradezimmer** mit dem Himmelbett wurden nur hochgestellte und geschätzte Besucher empfangen. Andere kamen nur bis in das **Audienzgemach** oder gar nur ins **Vorzimmer.** Als große persönliche Auszeichnung galt es, in den vierten und zugleich kleinsten Raum geladen zu werden – das **Kabinett.** Dort führte der Herzog vertrauliche Gespräche mit Ministern und Freunden. Übrigens hat auch die heutige Bezeichnung der Ministerrunde eines Staates hierin ihren Ursprung.

Celles Schlosspark

Die Befestigungsanlagen rund um das Schloss wurden Ende des 18. Jahrhunderts abgebaut. Die Wälle wurden eingeebnet und dabei der **Schlossgraben** teilweise zugeschüttet. Er war in herzoglicher Zeit deutlich breiter. Der Schlosspark ist für Celler Verhältnisse recht jung. Eine erste **Parkanlage** entstand durch den Hofbaumeister Georg Laves um 1830. Von 1837 an war das Celler Schloss die Sommerresidenz des hannoverschen Königs Ernst August. Sein heutiges Erscheinungsbild erhielt der Park bis 1866. Hannovers Gartenbaumeister Christian Schaumburg leitete die Umgestaltung in einen **Landschaftspark nach englischem Vorbild.**

Einen **Kinderspielplatz** gibt es seit 1922 in der Westecke. Er wurde kürzlich neu als Kletterparcours gestaltet. Im Winter lässt es sich auf dem **Schlossberg** gut rodeln. Nervenkitzel bietet dann der nahe Schlossgraben. Am letzten Tag vor den Sommerferien wird hier auch die legendäre **Schlossbergfete** gefeiert.

Das Kunstwerk **»Hengst Wohlklang in der Freiheitsdressur«** erinnert seit 1985 an das 250-jährige Jubiläum des Celler Landgestüts.

Die unterschiedlichsten **Bäume** wachsen hier. Viele davon stammen ursprünglich nicht aus Mitteleuropa. Die interessante Mischung garantiert, dass es im Schlosspark zu jeder Jahreszeit etwas zu entdecken gibt. Die Namen der meisten Bäume findest du auf Steinen nahebei. Gelingt es dir damit, den hier abgebildeten Blättern den jeweiligen Namen zuzuordnen? Um es einfacher zu machen, stehen die **botanischen Namen** bereits darunter. Die hervorgehobenen Buchstaben ergeben richtig zusammengesetzt das Lösungswort.

Pterocarya fraxinifolia

Taxodium distichum

Cercidiphyllum japonicum

Ginkgo biloba

Davidia involucrata

Liriodendron tulpifera

Corylus colurna

Salix alba Tristis

Quercus robur Fastigiata

LÖSUNGSWORT

Stadtkirche und Reformation

Die Stadtkirche gehört zu Celles ältesten Gebäuden. Sie wurde als dreischiffige Hallenkirche aus Backstein erbaut und im Juni 1308 als **Marienkirche** geweiht.

Zweimal am Tag erklimmt der **Turmbläser** die zahlreichen Stufen, um in alle vier Himmelsrichtungen einen Choral zu blasen. Danach winkt er jedes Mal den Untenstehenden zu.

In Celle behaupten die Menschen, vom gut 74 Meter hohen Kirchturm aus kannst du die Nordsee sehen. Gelogen ist das nicht – nur ein bisschen geflunkert. Überprüfe es doch selbst und zähle bei der Gelegenheit gleich nach, ob alle 234 Stufen bis zur obersten Aussichtsplattform noch da sind.

Namensgeberin ist die heilige Maria. Ihr seht sie als lebensgroße Skulptur in der um 1500 entstandenen **Kreuzigungsgruppe** im Triumphbogen über dem Altarraum.

Ein früher Kirchturm wurde wegen Baufälligkeit abgerissen. Bis zum Bau des heutigen Stadtkirchturms im Jahre 1913 mussten die Celler mit einem **Dachreiter** als Ersatz auskommen.

Viele kunstgeschichtlich interessante Details gibt es zu entdecken. Erwähnenswert ist der 1613 von Herzog Christian gestiftete prachtvolle **Flügelaltar.** In der Taufkapelle rechts vom Altarraum steht der mit Bibelszenen geschmückte **Taufstein** von 1611. Über dem Fürstenstuhl, dem ehemaligen Platz der herzoglichen Familie, befindet sich die beeindruckende **Orgel.** Bereits im 15. Jahrhundert stand in Celles Stadtkirche eine Orgel. Die heutige stammt im Kern aber erst von 1653 und wurde vom damaligen Herzog Christian Ludwig gestiftet. Anlass war wohl seine Hochzeit mit Dorothea von Holstein-Glücksburg.

Herzog Ernst hatte in Wittenberg studiert und war überzeugt von den Lehren Martin Luthers.

Besondere Bedeutung erlangte die Stadtkirche im 16. Jahrhundert. Der damalige Celler Herzog Ernst unterstützte den neu aufkommenden protestantischen Glauben und machte Celle zum **Mittelpunkt der Reformation** in Nordwestdeutschland.

Herzog Ernst verwies den Franziskanerorden aus den Mauern seiner Residenzstadt Celle. Er unterzeichnete 1530 auch das Augsburger Bekenntnis für Kaiser Karl V.
Später wurde ihm dafür der Beiname **»der Bekenner«** gegeben.

Der Herzog holte auch den Theologen und Lutherfreund Urbanus Rhegius nach Celle und machte ihn zum ersten **Superintendenten** des Landes.

D. Urbanum Rhegium A.C. MDXXIV

HERZOG ERNST DER BEKENNER 1521-1546 ALIIS INSERVIENDO CONSUMOR

Die Celler setzten Ernst dem Bekenner ein mächtiges **Denkmal** vor der Stadtkirche. Weil es aus Bronze war, wurde es im Ersten Weltkrieg eingeschmolzen. An gleicher Stelle erinnert heute stattdessen eine **Stele** an den Herzog der Reformationszeit.

Fürstengruft der Celler Welfen

Der lateinische Spruch über einer Tür im Norden der Kirche soll die Gläubigen an ihre **Sterblichkeit** erinnern. Er bedeutet in etwa: Bedenke, dass du sterben musst. Den Tod und das jüngste Gericht stets vor Augen, war es den Gläubigen früher wichtig, möglichst nah am Altar bestattet zu werden. In der Kirche fand allerdings nur der Adel und wer es sich leisten konnte seine letzte Ruhestätte. Und nur der **herzoglichen Familie** war dabei der Altarraum vorbehalten. Bürger mussten mit einem Platz auf dem Kirchhof zufrieden sein.

Du findest in der Kirche noch viele Grabplatten und Epitaphe. Das sind Denkmäler für Verstorbene. Schau sie mal an. Die frühen Herzöge sind demütig betend dargestellt, während die Barockfürsten Christian Ludwig und Georg Wilhelm mit stolz geschwellter Brust verewigt wurden.

Friedrich der Fromme war 1478 der erste Herzog, der in Celle seine letzte Ruhe fand. Aber nicht in der Stadtkirche, sondern im von ihm gestifteten Franziskanerkloster an der heutigen Straße Am Heiligen Kreuz. Das erste **Fürstenbegräbnis** in der Stadtkirche bekam 1546 Ernst der Bekenner. Sein jüngster Sohn, Herzog Wilhelm der Jüngere, ließ 1576 von niederländischen Kunsthandwerkern ein beeindruckendes **Epitaph** im Altarraum aufstellen. Im selben Jahr veranlasste er den Bau der Fürstengruft. Vermutlich wurden die eigentlichen Gräber seiner Eltern dabei zerstört. Ihre Grabplatten stehen heute hinter dem Altar, während ihr Epitaph eindrucksvoll an sie erinnert.

In der **Fürstengruft** fand 1592 Wilhelm der Jüngere als Erster seinen Platz. Heute stehen hier 20 Sarkophage. Drei davon sind Kindersärge. Eine Besonderheit ist der Zinnkasten, in dem sich das Herz des letzten Celler Herzogs Georg Wilhelm befinden soll.

Georg Wilhelm war ein typischer Herzog der Barockzeit. Er reiste viel und liebte den Prunk. Einiges davon brachte er auch mit nach Celle. Die beeindruckenden **Stuckarbeiten** in Schloss und Stadtkirche gab er beim italienischen Meister Giovanni Battista Tornielli in Auftrag. Sein prunkvolles Leben spiegelt sich auch an seinem aufwendigen Sarkophag wider. Mit dem Tode Georg Wilhelms endete 1705 Celles Zeit als Residenzstadt.

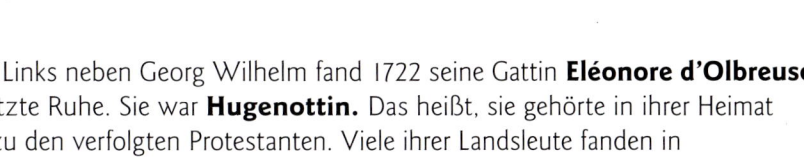

Links neben Georg Wilhelm fand 1722 seine Gattin **Eléonore d'Olbreuse** ihre letzte Ruhe. Sie war **Hugenottin.** Das heißt, sie gehörte in ihrer Heimat Frankreich zu den verfolgten Protestanten. Viele ihrer Landsleute fanden in Celle Schutz. Das gesellschaftliche und höfische Leben der Stadt blühte dadurch sehr auf.
Der Celler Herzog hatte seinem jüngsten Bruder Ernst August vertraglich zugesichert, nie zu heiraten. Celle sollte nach seinem Tod nämlich mit Hannover vereinigt werden. Trotzdem heirateten die beiden, denn Eléonore und Georg Wilhelm liebten sich wirklich. Das war zu ihrer Zeit bei Herrscherpaaren nicht unbedingt üblich.

Die einzige Tochter des Paares liegt zu Füßen der Eltern in der Fürstengruft. Wegen der ausgehandelten Erbfolge musste **Sophie Dorothea** ihren Cousin, den Thronfolger Georg Ludwig aus Hannover, heiraten. Sie war sehr unglücklich und verliebte sich im Leineschloss in den Grafen Königsmarck. Dafür wurde sie sehr hart bestraft. Nach der Scheidung wurde Georg Ludwig König von Großbritannien und Sophie Dorothea wurde bis zum Ende ihres Lebens nach Ahlden verbannt. Ihre beiden Kinder sah sie nie wieder. Das Schicksal der als **Prinzessin von Ahlden** bekannten ungekrönten Königin bewegt bis heute viele Menschen.

Königin **Caroline Mathilde** von Dänemark war eine Urenkelin von Sophie Dorothea. Auch sie hatte eine unglückliche Ehe und eine tragische Liebesaffäre mit anschließender **Verbannung** hinter sich. Ihr Bruder Georg III. von Großbritannien sorgte dafür, dass sie aus Kopenhagen nach Celle umziehen konnte. Hier starb sie 1775 und wurde als letztes gekröntes Haupt in der Fürstengruft bestattet.

Multikulti seit der Herzogszeit

Seit der Reformation war Celle eine evangelische Stadt. **Religionsfreiheit** gab es lange Zeit nicht. Erst der letzte Herzog Georg Wilhelm lockerte diese Regel etwas. Seiner Frau Eléonore erlaubte er, einen Prediger anzustellen, um für die **Hugenotten** im Schloss Gottesdienste abzuhalten. 1699 gestattete er dann der reformierten Gemeinde einen Kirchenbau (Hannoversche Straße 61). Ein Turm durfte allerdings nicht gebaut werden. Die **Reformierten** mussten bis 1824 für jede Taufe, Trauung und Beerdigung Gebühren an die Stadtkirche zahlen.

Katholiken wurden in Celle nach der Reformation nicht mehr geduldet. Durch die zahlreichen italienischen Künstler am Hofe Georg Wilhelms änderte sich das. Förderer und Fürsprecher einer katholischen Gemeinde war der uneheliche Sohn des Herzogs, **Lucas de Bucco.** Er wurde in Venedig von der Tänzerin Zenobia Buccolini geboren und diente seinem Vater als Oberstallmeister und Oberst. In seinem Haus fanden 1687 die ersten Messen statt. Auf seinem Grund wurde 1711 die Peter-und-Paul-Kapelle gebaut und bis 1838 die heutige **Sankt-Ludwigs-Kirche** errichtet. Die beiden Türme kamen erst 1881 dazu.

Die Toleranz gegenüber Andersgläubigen hatte in Celle seinerzeit aber noch enge Grenzen. Eine erste Synagoge in einem Privathaus wurde 1690 von Bürgern und Amtsdienern zerstört.
Erst ab 1737 war es Juden im Kurfürstentum Hannover gestattet, Synagogen zu bauen. Die **Celler Synagoge** entstand bis 1740 Im Kreise 24 als Hinterhaus.

Herzog Georg Wilhelm siedelte in der Altenceller Vorstadt vier jüdische Familien an. Einen eigenen **Begräbnisplatz** bekamen sie an der Straße Am Berge 1692 zugewiesen. Allerdings außerhalb der Stadtmauern und weit entfernt vom Bürgerfriedhof.

Auch in Celle wurden in der Nacht des 9. November 1938 **(Pogromnacht)** jüdische Einrichtungen zerstört. Anhänger der Nationalsozialisten zerschlugen die Einrichtung der Synagoge. Das Gebäude zündeten sie aber nicht an wie in anderen Städten. Die Häuser stehen in Celle sehr eng. Das Feuer hätte somit leicht zu den Nachbarhäusern überspringen können. Dadurch ist Celles **Fachwerksynagoge** als älteste in Niedersachsen erhalten geblieben. Heute dient sie wieder als Gotteshaus und Museum.

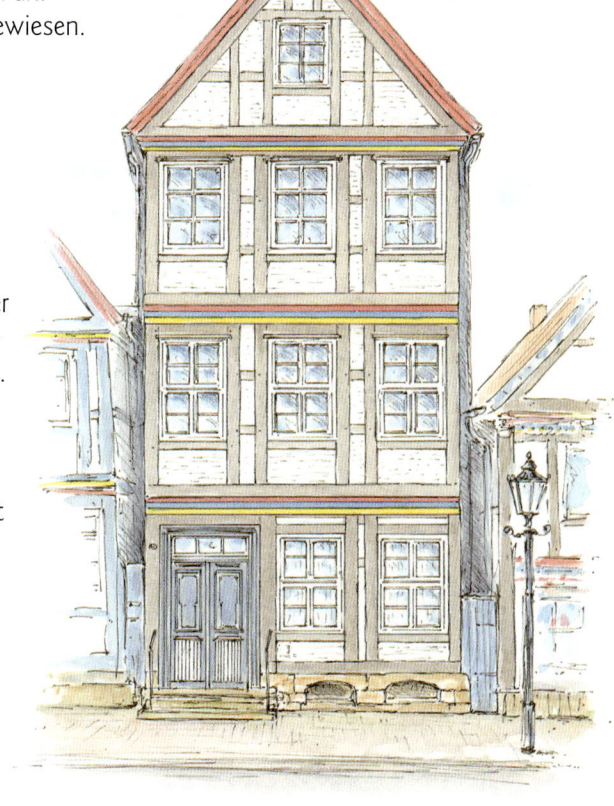

An die verschleppten und ermordeten Juden erinnern in Celle rund 50 **Stolpersteine.** Du findest sie vor den Häusern, in denen sie damals lebten oder arbeiteten. Die Steine sind eine sichtbare Mahnung für mehr Toleranz und Frieden zwischen den Religionen.

Französischer Garten

Celles Herzöge ließen am Südrand der Residenzstadt im 16. Jahrhundert einen **Lust- und Wundergarten** anlegen. Hier wuchsen neben Obst, Gemüse und Wein auch Blumen. Wasserkunst und Skulpturen gab es auch. Herzog Christian baute 1611 für seine Hofgärtner ein Fachwerkhaus in den Garten – das **Schlößchen.** Heute beheimatet es den gleichnamigen städtischen Kindergarten.

Benannt ist der Garten nach den französischen Gärtnern in Herzog Georg Wilhelms Zeit. Henri Peronnet begann 1670 mit der Umgestaltung im **französischen Stil.** Rechteckige Beete und schnurgerade Wege prägten das Bild. Zum Überwintern der Orangen- und Zitronenbäume wurde 1677 die Orangerie gebaut. Auf den Gartenbaumeister René Dahuron geht die **doppelte Lindenallee** von 1695 zurück. So etwas gab es bis dahin nur in Frankreich. Die Besonderheit ist der »Himmelsstrich« zwischen den beiden Mittelreihen. Vor rund 60 Jahren wurden die Linden neu gepflanzt. Auf den richtigen Schnitt, damit ein Strich des Himmels sichtbar bleibt, wird auch heute noch geachtet.

Seit 1927 befindet sich in der ehemaligen Orangerie das Landesinstitut für Bienenforschung. Eine gute Adresse – nicht nur für Bienen.

Nach den Plänen des Königlichen Garteninspektors Christian Schaumburg wurde der Französische Garten im 19. Jahrhundert zu einem **englischen Landschaftspark** weiterentwickelt. Weitere Bäume wurden gepflanzt und die Wege bekamen einen geschwungenen Verlauf.

Auch für die dänische **Königin Caroline Mathilde** wurde der Garten im 18. Jahrhundert umgestaltet. Der bis dahin eckige **große Teich** bekam seine runde Form.

Das **Denkmal für Caroline Mathilde** steht nahe des Schlößchens am Ende der Lindenallee. Es wurde 1784 von Adam Friedrich Oeser geschaffen und zeigt auf der Urne das Gesicht der dänischen Königin. Im Winter ist es nicht zu sehen. Zum Schutz vor der Witterung ist das Kunstwerk dann nämlich eingepackt.

Im Französischen Garten lässt es sich wunderbar entspannen und es gibt auch viel zu entdecken. Im Süden nahe der Brücke über den Magnusgraben steht beispielsweise ein **Kunstwerk von Timm Ulrichs** – ein Baum in einem riesengroßen Blumentopf.

Unter Federführung des Garteninspektors Otto von Boehn wurde 1924 im Nordwesten des Gartens ein schmucker **Rosengarten** angelegt und im Südosten ein **Kinderspielplatz** gebaut.

Im Herzen der Stadt bauten sich die Bürger ihr **Rathaus.** Beeindruckend ist der **Nordgiebel** von 1579. Er drückt Celles Bürgerstolz aus. Zwei Jahre später wurde der Südflügel angebaut, das sogenannte Hochzeitshaus. Am Knick im Gebäude kannst du das noch gut erkennen. Direkt am Markt steht das Rathaus, weil die Ratsherren früher auch die **Marktaufsicht** ausübten. Vom Landesherrn unabhängig hielten sie bis in das 19. Jahrhundert auch Gericht. Die **Gerichtslaube** befand sich unter den Torbögen am Eingang.

Der **Ratskeller** erhielt 1378 das herzogliche Privileg, Weine und »fremde Biere« ausschenken zu dürfen und gilt daher heute als eine der ältesten Gaststätten ihrer Art in Deutschland.

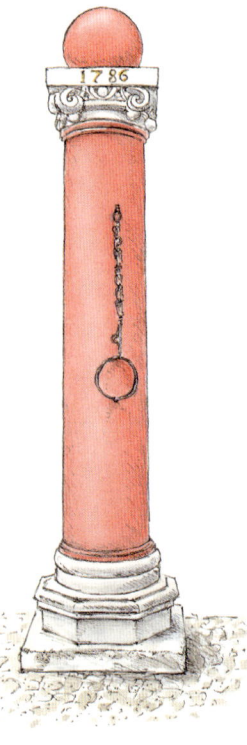

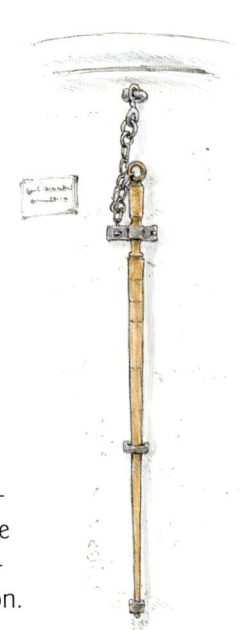

Die auffällige **Bemalung** schmückte bereits 1697 das Celler Rathaus. Während Stadtkirche und Schloss seinerzeit ihren barocken Schmuck bekamen, wollten auch die Ratsherren ihre Bürgermacht zeigen. Die dreidimensional wirkende Bemalung schafft dabei die Illusion einer reichhaltigen Ausschmückung. Sie wurde als einer von 16 verschiedenen Anstrichen freigelegt und aufwendig nachgemalt.

Wichtiges Detail ist die **Elle** rechts neben dem Haupteingang. Sie war Standard-maß für Marktbesucher und schützte vor Betrug. Wer sich dennoch nicht an die Regeln hielt, musste am Schandpfahl stehen. Zur Erinnerung daran steht der so-genannte **Pranger** (von Anprangern) heute am Eingang der Touristeninformation.

Im Inneren des Alten Rathauses wird der Bürgerstolz besonders sichtbar. Die Ausstattung macht deutlich, dass dieses wichtige Gebäude nicht nur Amtsgeschäften diente. Hier zeigte die Stadt ihren **Wohlstand** und es wurde auch gefeiert und getanzt. Eine schöne barocke Treppe führt nach oben zu den Sitzungsräumen. Im Flur erinnern die vier in Holz geschnitzten **Tugenden** die Ratsherren an ihre Verpflichtungen. Hier sind es Klugheit (Spiegel und Schlange) und Gerechtigkeit (Waage). Kannst du die beiden anderen ergänzen?

▪▪▪▪▪▪▪

▪▪▪▪▪▪▪▪▪▪

Der **alte Sitzungssaal** im ersten Stock vermittelt noch einen Eindruck der alten Zeiten. Doch der Stadtrat tagt hier heute nicht mehr. Die Stadtverwaltung zog 1999 in die ehemalige Heidekaserne um.

Das Alte Rathaus steht immer noch als Symbol für **freies Bürgerrecht.** Es ist heute ein **Kulturdenkmal** von besonderer nationaler Bedeutung. Hier kann auch standesamtlich geheiratet werden. Aber nur noch selten sitzt ein Celler Bürgermeister auf diesem Stuhl.

Neues Rathaus

Celle hat rund 70.000 Einwohner. Vor hundert Jahren waren es nur 23.000. Mit der Einwohnerzahl stieg auch der Platzbedarf der **Stadtverwaltung.** Sie war schließlich auf über 20 Dienststellen in der ganzen Stadt verteilt. Im Mai 1999 konnte endlich die zum Rathaus umgebaute große **Infanteriekaserne** bezogen werden. Auf dem ehemaligen Exerzierplatz davor entstanden Wohngebäude und ein **Stadtpark.**

Das imposante Gebäude wurde 1869–72 gebaut. Es hat eine Länge von 181 Metern und bis zum Dachfirst ist es 25 Meter hoch. Damit war die Infanteriekaserne in Celle eine der größten ihrer Zeit. Das Hauptgebäude bot **Platz für 1200 Soldaten.** Weitere erhaltene Gebäude sind u.a. die Exerzierhalle, das Lazarett, das Kasino und die Garnisonskirche am Langensalzaplatz.

Bis 1918 war hier das 2. Hannoversche Infanterie-Regiment Nr. 77 untergebracht. Da die meisten Soldaten aus der Celler Region kamen, wurde es auch **Heideregiment** genannt. Nach Auflösung der 77er wurde das gesamte Gelände als Kaserne weitergenutzt. Am Ende des Zweiten Weltkrieges zog die britische Armee ein. Sie nannte die Kaserne **Taunton Barracks** und blieb bis in die 1990er Jahre. Von 1996 bis 1999 wurde das Kasernengebäude innen umgebaut. Heute entspricht es allen Ansprüchen an ein **modernes Verwaltungsgebäude.**

Das **Kriegerdenkmal** findest du erst seit 1999 im Stadtpark. Bis dahin hat es vor dem Celler Schloss gestanden. Es erinnert vor allem an die Gefallenen des 77er-Regimentes im Ersten Weltkrieg.

Juristen, Schwerverbrecher und edle Hengste

Nach **Ende der Residenzzeit** drohte Celle, bedeutungslos zu werden. Mit dem Hofstaat verließen viele hohe Beamte die Stadt. Auch die zahlreichen Künstler suchten anderswo ihr Glück. Als Ausgleich für den Verlust wurden darum in Celle drei wichtige Institutionen eingerichtet, die bis heute eine große Bedeutung für die Stadt haben.

Ab 1710 entstand an der Trift das zentrale Zucht-, Werk- und Tollhaus des Kurfürstentums Hannover. Psychisch Gestörte und Straftäter wurden hier bis 1833 gemeinsam eingesperrt und mussten Rauchtabak herstellen oder Flachs und Wolle spinnen. Heute dient das mehrmals erweiterte Gebäude immer noch als **Gefängnis.** Viele Gäste der Stadt, die vom Bahnhof aus in die Innenstadt spazieren, machen hier ihre ersten Fotos. Sie halten den imposanten Bau für das Schloss. »Nein«, sagen dann die Celler, »das Welfenschloss ist das nicht, aber viele Schlösser gibt es da drinnen.«

Die zweite wichtige Einrichtung bekam Celle 1711 mit dem **Oberappellationsgericht.** Es war seinerzeit das oberste Gericht im Kurfürstentum Hannover. Ebenso wie das Hofgericht tagte es in der alten Kanzlei, bis es 1843 in den Neubau am Schloßplatz einziehen konnte. Seit 1879 trägt es den Namen **Oberlandesgericht** und prägt heute gemeinsam mit dem Amtsgericht und dem Landessozialgericht Celles Ruf als **Juristenstadt.**

Am Gebäude findest du eine römische Zahl. Kannst du sie lesen und umrechnen?

Georg II., König von Großbritannien und Kurfürst von Hannover, befahl im Juli 1735 die Einrichtung eines Gestüts in Celle. Er brauchte gute Kavallerie- und Arbeitspferde. Geeignete Hengste wurden daraufhin angekauft und ab 1743 an der Fuhse das **Gestüt** eingerichtet. Es brannte 1774 ab und wurde wieder aufgebaut.

Das Celler Landgestüt entwickelte sich zum wichtigsten Gestüt Niedersachsens. Die hier gezüchteten **»Hannoveraner«** erfreuen sich weltweit größter Beliebtheit. Von jeher wird in Celle viel Wert auf die Vielseitigkeit der Pferde gelegt. Die rund 150 Zuchthengste müssen ihre Leistungsfähigkeiten unter Beweis stellen. Im nahen Adelheidsdorf gibt es dafür extra eine Hengstprüfungsanstalt. Dann erst werden sie geeigneten Stuten vorgeführt und dürfen ihre besonderen Eigenschaften und den guten Ruf weitervererben. Seit 1905 finden im Herbst die traditionellen **Hengstparaden** statt und ziehen Besucher aus der ganzen Welt nach Celle. Hier präsentieren sich die Hengste dann von ihrer besten Seite und zeigen ihr ganzes Können. Ein besonderes Erlebnis sind dabei die Vorführungen der Gespanne, wo auch gerne mal zehn edle Hannoveraner eine historische Kutsche ziehen.

Ein Ammenmärchen ist es wohl, dass die Celler Bürger damals die Wahl hatten, ob sie das Gefängnis oder eine Universität haben wollten. Aus Angst um ihre Töchter sollen sie sich für das Gefängnis, also die eingesperrten Männer, entschieden haben. Die Uni wurde dann in Göttingen gebaut.

Besondere Häuser

Jedes **Fachwerkhaus** in Celles Altstadt ist einzigartig. Die **Bauart** sagt etwas über die frühere Nutzung der Häuser aus. Hier siehst du vier **typische Hausformen.**

Das große Haus **Poststraße 8** wurde 1532 von Simon Hoppener erbaut. Er war einer der höchsten Beamten unter Herzog Ernst. Stellung und Reichtum des Erbauers drücken **zahlreiche Schnitzereien** aus.

Das **Hoppener-Haus** ist das erste Fachwerkhaus, an dem 1901 Balkenschmuck und Bemalung freigelegt wurde. Bis dahin war es grau überstrichen. 1932 brannte das Haus innen aus und wurde aufwendig wieder hergestellt.

Das Haus **Neue Straße 35** ist ein typisches **kleines Handwerkerhaus.** Es wurde 1576 von Clawes Prove erbaut. Der Mann war Knochenhauer. Das ist ein alter Name für den Fleischer.

Der Vorbau wurde 1611 nachträglich errichtet. Er ist etwas höher als der erste Stock. So konnte hier aufrecht gestanden werden. Durch die Fenster an den Seiten kam auch mehr Licht ins Haus. Darum heißen diese Vorbauten in Celle »Utlucht«. Das ist Niederdeutsch für Ausblick.

Die heutigen Besitzer sind bemüht, den Originalzustand des Hauses zu bewahren. Anders als in anderen Celler Geschäften wirkt im »Zapfhahn« wieder vieles wie vor über 400 Jahren.

Eine Besonderheit stellen die zahlreichen **Ausspann-Wirtschaften** dar. Erkennbar an der Toreinfahrt, die zum Stall im Hintergebäude führte. In der Zeit vor dem Auto waren dies die Parkhäuser der Stadt.

Wer mit **Pferd und Wagen** nach Celle kam, spannte hier aus. Die Pferde standen dann im Stall und die Kutsche auf der Straße. Besonders an Markttagen war es dadurch in den Straßen oft recht eng.

Die jüngste der ehemaligen Ausspann-Wirtschaften in Celle war der »Blaue Engel«, **Kleiner Plan 7.** Das Haus stammt aus dem 16. Jahrhundert. Die **Toreinfahrt** wurde 1872 eingebaut und seitdem der Ausspann betrieben. Um 1900 fuhr von hier auch zweimal in der Woche der **Pferdeomnibus** über Wienhausen nach Langlingen ab.

Ähnliche Toreinfahrten findest du noch an anderen Häusern, vor allem am Rand der Altstadt.

Am **Markt 18** baute der Kaufmann Carl Christian Lauenstein 1797 ein geräumiges Fachwerkhaus mit vielen Fenstern. Er war **Großhändler,** vor allem für Lebensmittel. Im Erdgeschoss war sein Kontor untergebracht. Er betrieb eine eigene **Kaffeerösterei** und hatte einen eigenen Speicher an der Aller.

Siehst du die **Winde** ganz oben am Dach? Früher wurden damit Waren in das oberste Stockwerk gezogen. Dort war das Lager.

Lauenstein engagierte sich für die Einführung der Gewerbeschule in Celle, dafür wurde der Lauensteinplatz im Stadtteil Heese nach ihm benannt.

Im ehemaligen Kontor findest du heute die **Schlosstheaterkasse.**

Fachwerk

Celle ist weltberühmt für sein fast geschlossenes **Fachwerkensemble** mit über 400 Häusern. Fachwerk ist eine in Nordeuropa verbreitete Bauweise. Der Grundbaustoff ist Holz. Zwischen den Balken liegen die sogenannten **Gefache,** die mit Flechtwerk, Lehm und Stroh ausgefüllt sind. Später wurden hierfür auch **Ziegelsteine** verwendet. So bunt wie heute waren die Häuser nicht immer. Im 19. Jahrhundert waren die meisten grau übergestrichen.

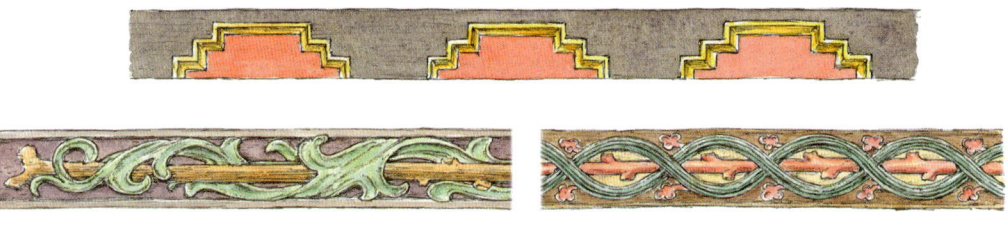

Achte doch einmal auf die Details an den Häusern. Einige haben schön geschnitzte und **bemalte Schwellen.** Das macht jedes Haus zu etwas Besonderem. Die **Schmuckelemente** stammen dabei aus unterschiedlichen Zeiten. Sie hatten auch etwas mit dem Geschmack und Wohlstand des Erbauers zu tun. Das älteste Motiv ist der **Treppenfries.** Er kommt vor allem an Häusern aus dem frühen 16. Jahrhundert vor. Auch der **Laubstab** stammt aus dieser Zeit. Es gibt ihn in vielen verschiedenen Varianten. Die **Fächerrosetten**, wie du sie im Fachwerkrahmen dieser Seite findest, sind Stilelemente der zweiten Hälfte des 16. Jahrhunderts. **Beschlagwerk** und **verzierte Ecksäulen** stammen aus dem 17. Jahrhundert. Im 18. und 19. Jahrhundert wurden die Häuser kaum verziert, sondern übergestrichen, weil Fachwerk damals eher als bäuerlich oder ärmlich galt.

An über 60 Häusern in Celles Altstadt findest du **Sprüche an den Häusern.** Am häufigsten kommt »Wer auf Gott vertraut, der hat wohl gebaut, im Himmel wie auf Erden« vor. Davon gibt es viele Varianten. Auch Verweise auf den Erbauer finden sich oft. Am kunstvollsten sind sicherlich die Sprüche an der ehemaligen Lateinschule in der Kalandgasse.

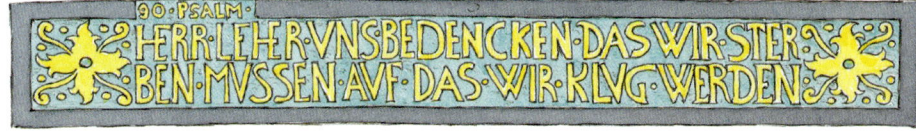

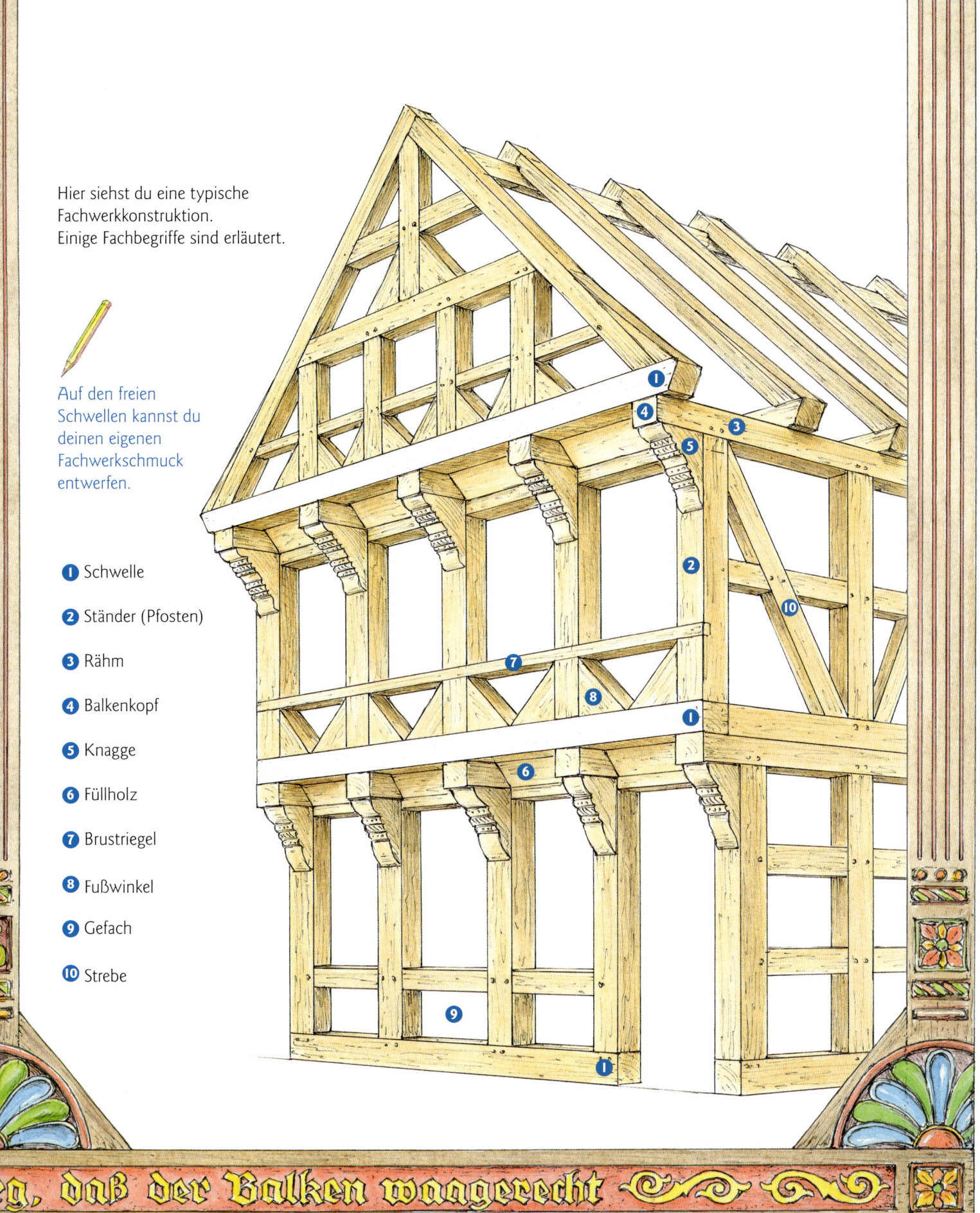

Hier siehst du eine typische
Fachwerkkonstruktion.
Einige Fachbegriffe sind erläutert.

Auf den freien
Schwellen kannst du
deinen eigenen
Fachwerkschmuck
entwerfen.

❶ Schwelle

❷ Ständer (Pfosten)

❸ Rähm

❹ Balkenkopf

❺ Knagge

❻ Füllholz

❼ Brustriegel

❽ Fußwinkel

❾ Gefach

❿ Strebe

Einkaufserlebnis Innenstadt

Celles Fachwerkhäuser sind nicht nur von außen schön. Über 300 Geschäfte laden zum Bummeln und Shoppen ein. In der Altstadt herrscht geschäftiges Treiben. Wie hier in der **Zöllnerstraße** zu sehen.

Bürger und Händler haben sich bewusst gegen ein modernes Einkaufscenter entschieden. Die gesamte Altstadt wird zum **Einkaufserlebnis** entwickelt.

Von Büchern und Schreibwaren über Schmuck, Schuhe und Mode ist in den vielen **kleinen und großen Geschäften** alles zu finden. Egal ob jung oder alt, Celle hat für jeden etwas zu bieten.

Dies wissen auch mehr und mehr Großstädter zu schätzen. Celle ist besonders!

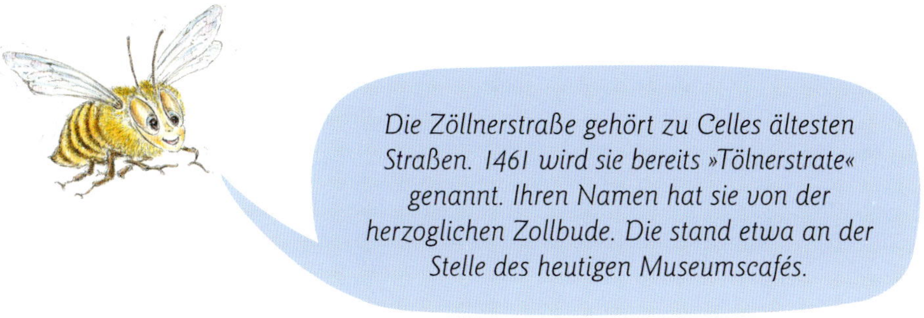

Die Zöllnerstraße gehört zu Celles ältesten Straßen. 1461 wird sie bereits »Tölnerstrate« genannt. Ihren Namen hat sie von der herzoglichen Zollbude. Die stand etwa an der Stelle des heutigen Museumscafés.

Wer vom Straßenpflastertreten und Schaufenstergucken hungrig wird, lernt Celles nächste gute Eigenschaft kennen. Hier gibt es an jeder Ecke leckeres **Essen und Trinken.**

Von der Imbissbude bis zum Sternerestaurant ist alles vertreten. Ob deutsche oder internationale Küche, ob schnell etwas auf die Hand oder ein leckeres Stück Kuchen im Sonnenschein – die zahlreichen **Restaurants und Cafés** bieten für jeden Geschmack etwas.

Die Rohe Roulade ist eine Celler Spezialität. Bekannt ist Celle auch für den hochprozentigen Kräuterschnaps Ratzeputz und den Alten Provisor, den es schon seit 160 Jahren in der Ratsapotheke zu kaufen gibt.

Traditionsgeschäfte

Viele Celler Geschäfte haben eine interessante Geschichte. Einige werden bereits seit Generationen betrieben. Vier solcher **Familienbetriebe** werden hier kurz vorgestellt.

Friedrich Huth gründete 1851 sein **Colonialwarengeschäft** Großer Plan 7. Er verkaufte Tee, Kakao, Kaffee und Gewürze. Sogar Königlich Hannoverscher Hoflieferant durfte er sich nennen und das **königliche Wappen** an seinem Laden aufhängen.

Als 1896 Hermann Bock den Laden übernahm, bekam er Ärger mit der preußischen Polizeibehörde. Er tauschte daraufhin den welfischen Löwen im Wappen gegen einen **Schafbock.** Somit durfte das Wappen hängen bleiben. Die Einrichtung des heutigen Ladens stammt noch aus dieser Zeit. Bis 2006 gab es bei **Huth** ausschließlich männliche Verkäufer. Mit dieser Tradition wurde gebrochen. Besten Kaffee und Feinkost gibt es hier aber immer noch. www.huthskaffee.de

Zu den Königlich Hannoverschen Hoflieferanten gehörte auch die Weinhandlung Zöllnerstraße 29. Bereits seit 1828 gibt es hier **Wein und Spirituosen** zu kaufen, seit 1889 unter dem Namen **Bornhöft.** Der Laden hat einen besonderen Charme und erinnert an die alte Zeit. Im Innenhof hat abends die Raths-Weinschenke geöffnet und auch der Eine-Welt-Laden ist hier zu finden.

Wein wird noch nicht lange in Flaschen verkauft. Über Jahrhunderte war die Lagerung in Fässern üblich. Im malerischen Innenhof der Weinhandlung befindet sich der Eingang in den alten **Fasskeller.** Als Lagerraum wird er heute nicht mehr genutzt. Auf Anfrage sind Gruppenführungen möglich. www.weinhandlung-bornhoeft.de

Das Handwerk der Gold- und Silberschmiede hat in Celle eine **lange Tradition.** Bereits im 16. Jahrhundert gründeten sie eine Gilde. Sie fertigten Schmuck und edle Sachen für den Hof, die Kirche und die Bürger.

Goldschmiedemeister Karl Bade gründete 1883 seine Werkstatt in Celle. 1903 zog er zum Großen Plan 23. In vierter Generation wird hier Schmuck gefertigt, gepflegt und restauriert. www.goldschmiede-bade.de

Außer in den Sommerferien und im Dezember kann jeden dritten Samstag im Monat von 10 bis 14 Uhr die historische Goldschmiedewerkstatt besichtigt werden. Dort steht folgender Reim an der Wand:

Das Flicken und das Löten
Hilft dem Goldschmied aus den Nöten.
Hat er was zu vergulden
Hilfts ihm aus den Schulden.

Ursprünglich lebten viele Celler vom Fischfang. Heute gibt es noch genau einen **Allerfischer** in der Fritzenwiese 51.

Seit über 200 Jahren oder sieben Generationen fischt die **Familie Nölke** in der Aller Fische und verkauft sie. Auch eine kleine Teichwirtschaft gehört mittlerweile dazu.

Aale und Forellen werden bei Nölke traditionell im Steinofen mit einer besonderen Mischung aus Buchen und Erlenholz **geräuchert.** Der Laden ist nur freitags 9 bis 18 Uhr und samstags 9 bis 13 Uhr geöffnet. Zwei hübsch dekorierte Handkarren zeigen dir den Weg. www.nölkesfisch.de

Altstadt-Rallye

Die Rallye durch die Celler Altstadt beginnt am **Bomann-Museum.** An der Ecke Stechbahn steht eine **Statue** des Stadtgründers Otto der Strenge **(1).** Wo schaut er hin?

⬜⬜⬜⬜⬜⬜⬜

Nächste Station ist die ehemalige **Hofapotheke (2)** vor der Stadtkirche. Sie wurde um 1580 eingerichtet und war Celles erste Apotheke. Seit 1869 hieß sie Löwenapotheke. Heute findest du hier das **Museumscafé.** Was hält der Löwe am Eingang in seinen Pranken?

⬜⬜⬜⬜⬜⬜⬜

Am Ende der Stechbahn geht es rechts in die **Poststraße (3).** An der Hauswand hängt ein **Glockenspiel.** Um 13 und 17 Uhr ertönt es und fünf Figuren sind zu sehen. Die vier Männer sind Otto der Strenge, Ernst der Bekenner, Ludwig Hölty und Hermann Löns. Aber welche Königin steht zwischen ihnen?

⬜⬜⬜⬜⬜⬜⬜⬜ ⬜⬜⬜⬜⬜⬜⬜

Sehens- und hörenswert sind auch die **Sprechenden Laternen (4).** Du findest sie an der nächsten Straßenkreuzung neben dem

⬜⬜⬜⬜⬜⬜⬜⬜-⬜⬜⬜⬜ .

Sie funktionieren mit Bewegungsmelder und unterhalten sich über Celler Geschichtchen.

Weiter geht es durch die **Mauernstraße.** Der Straßenname verweist auf die Zeit vor der ersten Stadterweiterung 1530. Seinerzeit stand hier noch die ⬜⬜⬜⬜⬜⬜⬜⬜⬜⬜⬜ . Am Kleinen Plan sind noch zwei Reste der alten Stadtmauer zu sehen **(5).** Genauer gesagt handelt es sich in diesem Fall um Reste der Stützmauer des Stadtwalls. Rechter Hand wird ein Stück im Schaufenster gezeigt. Links hinter dem Schützenmuseum findest du die ehemalige **Stützmauer** als Teil der Hauswand. Zwischen den beiden Standorten lag früher das ⬜⬜⬜⬜⬜⬜⬜⬜⬜⬜⬜ T O R .

Die Rallye geht weiter **Am Heiligen Kreuz.** Der Straßenname bezieht sich auf das 1454 von Friedrich dem
Frommen gegründete **Franziskanerkloster.** Es lag etwa
bei Hausnummer 5 bis 7. Ernst der Bekenner ließ es 1528
abreißen und vergab die Bauplätze an Bürger. Die Mönche
verließen Klagelieder singend die Stadt. Neben dem C&A-
Kaufhaus führt eine Gasse zum Nordwall. Auch deren
Name erinnert an die Vergangenheit **(6).**

▢▢▢▢▢▢▢▢▢▢

Auch der Name der **Schuhstraße** ist sehr alt.
Bereits 1462 wird sie »Schoestrate« genannt.
In Hausnummer 27 war die **Ratsbadestube**
untergebracht **(7).** Heute befindet sich hier eine
▢▢▢▢▢▢▢▢▢. In Hausnummer 22
wohnte von 1765 bis 1768 der Dichter
▢▢▢▢▢▢ ▢▢▢▢▢▢. Er ging
in die Celler Lateinschule. Eines der Celler
Gymnasien ist nach ihm benannt.
Die Schuhstraße ist erst seit
wenigen Jahren wieder für
den Autoverkehr geöffnet.

Der ▢▢▢▢▢▢▢▢▢ **(8)**
entstand 1857 durch einen Großbrand.
Dabei brannten 27 Häuser ab. Die
freiwillige Feuerwehr wurde erst 1864
gegründet. Das **Kino** »Kammer-Licht-
spiele« gibt es hier bereits seit 1913.
Vorher stand an dessen Stelle von
1869 bis 1879 die erste Turnhalle des
Männerturnvereins (MTV Celle).

Am Ende der Schuhstraße lohnt sich
ein Blick in die **Hehlentorstraße.**
Diese schmale Gasse war jahr-
hundertelang die **Hauptzufahrt**
zur Stadt. An ihrem Ende stand
das ▢▢▢▢▢▢▢▢▢.
Es wurde auch Allertor genannt.

Vor dem schmucken Giebel des Alten Rathauses steht
eine kleine Pyramide **(9).** Sie zeigt **Celles Partnerstädte.**
Ergänze die Ländernamen.

An der Stadtkirche entlang und weiter
durch die Fritz-Grasshoff-Gasse
erreichen wir das erste **24-Stunden-**
▢▢▢▢▢▢▢▢▢▢▢ der
Welt **(10).** Tagsüber gibt es innen
viel zu entdecken.
Von 17 bis 10 Uhr ist
außen eine **Licht- und
Klanginstallation**
zu bewundern. Die
Altstadtrallye endet
wieder am Bomann-
Museum.

Meudon ▢▢▢▢▢▢▢▢▢▢
Hämeenlinna ▢▢▢▢▢▢▢▢▢▢
Tavistock ▢▢▢▢▢▢▢▢▢▢
Holbaek ▢▢▢▢▢▢▢▢▢▢
Sumy ▢▢▢▢▢▢▢▢▢▢
Kwidzyn ▢▢▢▢▢▢▢▢▢▢
Tjumen ▢▢▢▢▢▢▢▢▢▢
Tulsa ▢▢▢▢▢▢▢▢▢▢
Celle Ligure ▢▢▢▢▢▢▢▢▢▢
Mazkeret Batya ▢▢▢▢▢▢▢▢▢▢

Ritterturniere in der Stadt

Zu den ältesten Straßen der Stadt gehört auch die Stechbahn. Ihr Name erinnert an die hier abgehaltenen **Ritterturniere.** Ältere Namen sind »Vor der Borg« und »Am Kirchhofe«. In alter Zeit befand sich um die Kirche herum nämlich noch der ummauerte Friedhof der Celler Bürger.

Die Stechbahn ist so etwas wie die gute Stube der Stadt. Viele Empfänge und Feiern finden hier statt und mittwochs und samstags wird der **Wochenmarkt** aufgebaut.

Ritterturniere auf der Stechbahn sind für die Zeit Herzog Heinrichs des Mittleren belegt. In seinem bebilderten **Turnierbuch** sind 147 ritterliche Wettkämpfe beschrieben und 18 davon fanden auf Celles Stechbahn vor dem Schloss statt.

Viele Details im Straßenbild erinnern heute daran. Die **Fontänen des Wasserspiels** vor der Stadtkirche bewegen sich aufeinander zu, ähnlich wie es seinerzeit die Ritter taten. Vor dem Alten Rathaus und dem Museumscafé stehen Nachbildungen von **Turnierlanzen,** um die Geschichte des Platzes zu verdeutlichen.

Zwischen den Turnierlanzen am Museumscafé findest du ein **Hufeisen** in einem Stein. An dieser Stelle soll Herzog Otto der Großmütige 1471 bei einem Turnier so schwer verletzt worden sein, dass er wenig später im Schloss starb. Heute geht es auf der Stechbahn ungefährlicher zu. Hier lässt es sich wunderbar promenieren oder vor einem Café in der Sonne sitzen.

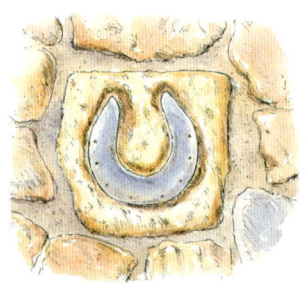

Kalandgasse

Celles schönste Gasse ist die Kalandgasse. Sie hat ihren Namen von der noch im alten Celle gegründeten **Kalandbruderschaft.** Sie traf sich an den Kalenden, so wurde der jeweils erste Tag eines Monats genannt. Daher kommt der Name. Diese religiöse Gemeinschaft sammelte Almosen, pflegte Kranke und sorgte für Bildung.

In der Kalandgasse befand sich Celles älteste Schule, die **Lateinschule.** An der alten Schule findest du schöne Schnitzereien und zahlreiche fromme Sprüche. Heute übt hier unter anderem die **Stadtkantorei.** Am frühen Morgen des Heiligen Abends wird traditionell in der Kalandgasse gesungen.

Der kleine Platz vor der Lateinschule diente als Schulhof. Eng wie im Schnuckenstall ging es da zu, sage ich immer. Heute haben Schüler zum Glück deutlich mehr Platz in ihren Pausen.

Großer Plan

Das ist der größte Platz in der Altstadt. Er entstand bei der Stadterweiterung unter Ernst dem Bekenner. Genannt wurde er 1533 **»Up dem Schilde«.** Wohl wegen seiner Form. Der Name »auf dem Plan« tauchte 1654 auf. Hier exerzierten die Landsknechte. Am 23. März 1668 zerstörte ein **Brand** 32 Häuser. Die Baulücken wurden erst nach und nach wieder geschlossen. Heute feiern die Celler hier ihre Feste, zum Beispiel den **Weihnachtsmarkt.** Aber auch ohne Fest gibt es viele interessante Details zu entdecken.

Zwischen den Häusern ganz links im Bild hängt etwas sehr Kurioses. Es ist ein von beiden Seiten begehbares **Plumpsklo.** Hier entlang führte ein Abwasserkanal zum Stadtgraben. Die Lücken zwischen den Fachwerkhäusern werden in Celle »Zwischen« genannt und sorgten vor allem für die Belüftung der Häuser. Auf den Dächern kannst du schöne Wetterfahnen und Kugeln entdecken. Die Wetterfahne auf dem Dach von Hausnummer 24 zeigt die Initialen FCS. Das steht für Francesco Cappelini Stechinelli. Er war Günstling von Herzog Georg Wilhelm und besaß mehrere Häuser in der Stadt.

Nach ihm benannt ist auch das gegenüber-
stehende Stechinelli-Haus, Großer Plan 14.
An dieser Stelle erbaute Hofrat Breiger 1675 ein
kleines und ein großes Haus, die er später
seinem Schwiegersohn **Stechinelli** überließ.
Der war ein geschäftstüchtiger Mann und
stieg zu einem der reichsten Männer des Fürstentums auf. Über hundert Jahre später kaufte
der Fabrikant Lampe diese Grundstücke und
erbaute das erste traufenständige Haus
(quer zur Straße) in Celle. Ganz im Stil eines
**Adelspalais mit einer klassizistischen
Fassade**. Das Fachwerk war übergestrichen,
um einen Steinbau vorzutäuschen.

Der Brunnen mitten auf dem Platz heißt in Celle
Pipenposten. Er war an die städtische
Wasserleitung angeschlossen und brachte Allerwasser
in die Stadt. Pipe bedeutet Rohr. Du findest
noch zwei weitere am Brandplatz und in der Poststraße.
Um ihren Abbruch zu verhindern, stiftete
Oberstleutnant Curt von Adelebsen 1914 die goldenen
Wappenschildlöwen. Mich findest du hier aber auch.
Und zwar auf dem Schild von Großer Plan Nr. 5

47

Rundgang durch die Trift

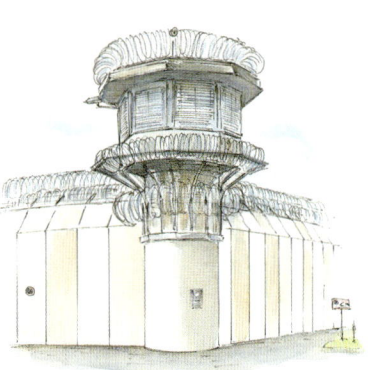

An der Ecke fällt ein mit Stacheldraht bewehrter **Wachtturm** ins Auge **(2).** Er gehört zur **Justizvollzugsanstalt Celle.** Ein Stück weiter siehst du auch den **historischen Teil** des Gefängnisses, den manche Touristen für das Schloss halten. Über dem ersten Torbogen steht die Jahreszahl ▨▨▨▨ .

Los geht's am **Hauptbahnhof (1).** Celle bekam bereits 1845 den Eisenbahnanschluss über Lehrte nach Hannover. Zwei Jahre später wurde die Strecke über Uelzen nach Harburg verlängert. Im selben Jahr eröffnete man das **Bahnhofsgebäude.** Wartesaal und Seitenflügel wurden um 1900 angebaut und 1922 erweitert. Wir gehen und lesen rechtsherum und biegen in die Trift.

Unser Rundgang durch die Trift endet am **Schäferbrunnen (10).** Er wurde 1912 ursprünglich in der Stadt an der Stechbahn aufgestellt. Anlass war das 25-jährige Dienstjubiläum von **Oberbürgermeister Denicke**. Dieser hatte sich um Celle verdient gemacht und genoss großen Respekt. Er förderte besonders Gewerbe und Industrie und ist Ehrenbürger der Stadt. Celler Historiker sprechen noch heute vom Denicke-Zeitalter. Gestiftet wurde der Schäferbrunnen von Senator Albert ▨▨▨▨▨▨ . Auf der Rückseite findest du eine Inschrift. Anfangs zierte den Brunnen eine **Schäferfigur aus Bronze**. Sie wurde im Zweiten Weltkrieg **eingeschmolzen**. Von hier aus kannst du den Blick über die Triftanlagen genießen und deine eigene **Entdeckungstour** starten.

Die schönen **Häuser in der Trift (3)** sind im Zuge der Stadterweiterungspläne in der Barockzeit entstanden. Herzog Georg Wilhelm wollte hier ein **Wohnviertel für die feine Hofgesellschaft** entstehen lassen. Ganz umgesetzt wurden die Pläne nicht. Die traufenständigen **Häuser mit den Hofzufahrten** vermitteln aber noch heute das damalige Flair.

Bei Trift Nr. 20 kannst du wochentags in einen der Höfe sehen. Hier ist heute die **Volkshochschule** untergebracht. Der Name der Speicherstraße erinnert an die Zeit der Allerschifffahrt. Ein Stück weiter in Trift 24, ebenfalls ein ehemaliges kleines Barockpalais, befindet sich das **Kreisarchiv**. Davor steht etwas Interessantes **(4).**
Es ist eine alte ▢▢▢▢▢▢▢▢▢ .

Auf dem Zebrastreifen überqueren wir die Straße und gehen in die **Triftanlage**. Ursprünglich war es eine **Viehtrift**. Das Vieh der Bürger wurde hier entlanggetrieben und geweidet. Die Pläne sahen an dieser Stelle eine **Magistrale**, das heißt eine breite Prachtstraße vor. Daraus wurde nichts. Erst ab 1864 begann Hofgärtner Hinkeldeyn die Umgestaltung zur heutigen **Parkanlage.**

Die Triftanlage ist ein wichtiger **Erholungsraum** für die Bewohner ringsum. Es gibt einen Spielplatz und Rasenflächen zum Sonnen und Herumtoben. Hier stehen einige **Gedenksteine und ein Mahnmal.** Gleich am Anfang steht der Gedenkstein für die Opfer des Zweiten Weltkriegs aus dem pommerschen **Partnerkreis Belgard-Schivelbein (5).** Gegenüber siehst du einen ähnlichen Stein für Celles westpreußische **Partnerstadt Marienwerder**, heute Kwidzyn **(7).** Dazwischen dominiert das **Gefallenendenkmal (6)** des Ersten Weltkriegs.

Am weiteren Weg findest du ein kleines Schild **(8).** Es zeigt den Stand des bislang schlimmsten Hochwassers im Februar 1946. Du kannst die **Hochwasserhöhe** ausrechnen.
Der **Normalstand** (Höhe NN) ist in Celle +31,82 Meter.
Die Differenz ergibt ▢,▢▢ Meter.

Einige Celler beteiligten sich am 8. April 1945 an einem schrecklichen **Massaker**. Hunderte **KZ-Häftlinge** wurden gejagt und ermordet. Das von Jonny Lucius geschaffene **Mahnmal (9)** erinnert an diesen schwarzen Tag in Celles Geschichte. Das Stahlquadrat symbolisiert den endlosen Leidensweg und die Buche darin die Hoffnung auf eine menschlichere Zukunft. Mehr erfährst du auf der Tafel am Mahnmal.

Der umlaufende Spruch lautet:
Den Toten zum ▢▢▢▢▢▢▢▢
Den Lebenden zur ▢▢▢▢▢▢▢
Den Kommenden zur ▢▢▢▢▢▢ .
Das letzte Wort wurde ausgetauscht. Ursprünglich stand hier Nacheiferung.

Albrecht Daniel Thaer

Am 14. Mai 1752 wurde **Albrecht Daniel Thaer** in der Schuhstraße 26 geboren. Eine Holztafel erinnert daran.

Er war das zweite von sieben Kindern des Celler Hofmedicus Johann Friedrich Thaer. Die Mutter starb früh, als der Junge gerade einmal zehn Jahre alt war. Er wurde von Hauslehrern erzogen und studierte Medizin in Göttingen. Im Alter von 22 Jahren kam er als **Doktor** zurück in seine Heimatstadt. Hier half er in der Praxis seines Vaters in der Poststraße 7 und trat nach dessen Tod 1778 in seine Fußstapfen. Er wurde zum Zuchthaus- und Hofarzt und 1796 sogar zum **königlich-kurfürstlichen Leibarzt** ernannt.

Neben seiner Arbeit als Mediziner widmete sich Thaer mit großer Leidenschaft dem **Gartenbau.** Er kaufte 1780 das Haus Rundestraße 3 und zog hier mit seinen unverheirateten Schwestern ein. Im Garten dieses Hauses begann er seine später so wichtigen ersten Zuchtversuche. Auch trat er der Celler **Landwirtschaftsgesellschaft** bei. Sein Wunsch war die Verbesserung der Anbaumethoden. Die Landwirtschaft sollte mehr Erträge liefern und wirtschaftlicher werden. Ihm zu Ehren hängt am Haus in der Rundestraße eine Gedenktafel. Sie erinnert an seinen 100. Todestag und an seine Verdienste als **Begründer der Agrarwissenschaft.**

Albrecht Daniel Thaer heiratete 1786, kaufte Land an den Dammaschwiesen und baute ein stattliches Herrenhaus. In den Sommermonaten wohnte die Familie hier. Dort gründete er 1802 das erste deutsche **landwirtschaftliche Lehrinstitut** und weitete seine Gartenbauversuche aus.
Er lehrte die Fruchtfolge als Neuerung gegenüber der Dreifelderwirtschaft. Außerdem präsentierte er modernste Maschinen, vor allem englische.

... reformierte die Landwirtschaft

Durch Flächenzukauf und Pacht vergrößerte Thaer seinen Besitz an den Dammaschwiesen, aber seinen Plänen waren dennoch enge Grenzen gesetzt. Als Bürgerlicher konnte er im Kurfürstentum Hannover nämlich leider keinen Gutshof kaufen. So etwas war hier seinerzeit noch dem Adel vorbehalten, anders als im Nachbarland **Preußen.** Darum folgte er dem Ruf des preußischen Königs, verkaufte 1804 alle Celler Besitztümer und siedelte auf sein neu erworbenes Rittergut Möglin im Oderbruch um. Er wurde Mitglied der Akademie der Wissenschaften sowie **Professor** an der Universität Berlin und baute sein eigenes Lehrinstitut in Möglin zur Akademie aus. Unermüdlich arbeitete Albrecht Daniel Thaer an der Verbesserung der Landwirtschaft, bis er am 28. Oktober 1828 starb und sein Sohn Gut und Akademie weiterführte.

Der Mann war wichtig. Drei Gedenktafeln erinnern in Celle an ihn. In Preußen setzte er sich später sehr für die Schafzucht und Wollproduktion ein. Darum wurde er auf dem Berliner Wollmarkt auch der Wollkönig genannt.

Am Thaerplatz wurde dem berühmten Sohn der Stadt ein Denkmal gesetzt. Gegenüber in **Thaers Gasthaus** kannst du Kartoffeln in allen Variationen genießen. Diese Feldfrucht war ihm nämlich besonders wichtig. Seine Ideen werden an der **Albrecht-Thaer-Schule** im Ortsteil Altenhagen weitergegeben. Das **Café KräuThaer** im Heilpflanzengarten an den Dammaschwiesen betreiben Schülerinnen und Schüler. Sie sammeln hier praktische Erfahrungen, ganz im Sinne Thaers.

Kekse, Schirme und gebleichtes Wachs

Eine bedeutende Celler Unternehmerpersönlichkeit war **Harry Trüller.** Der Sohn eines Bäckers revolutionierte die Zwieback-herstellung. Trüller war technisch sehr interessiert und meldete zahlreiche Patente an. Neben einem Zwiebackröstofen erfand er unter anderem die erste **Zwiebackschneidemaschine.** Du kannst sie heute im Bomann-Museum besichtigen.

Harry Trüller baute 1896 in Bahnhofsnähe eine große Fabrik. Hier produzierte er Zwieback, Kekse, Lebkuchen und Schokolade. Seine Betriebsführung galt als **sozial.** Die Fabrik verfügte über eine Werksküche und Bibliothek und eine eigene Kranken- und Reisesparkasse. Darüber hinaus engagierte sich der erfolgreiche Unternehmer auch politisch und war Mitglied und teilweise Vorsitzender in vielen Vereinen. Seiner Stadt diente er als Bürgervorsteher und ab 1910 als ehrenamtlicher **Senator** für Hoch- und Tiefbau.

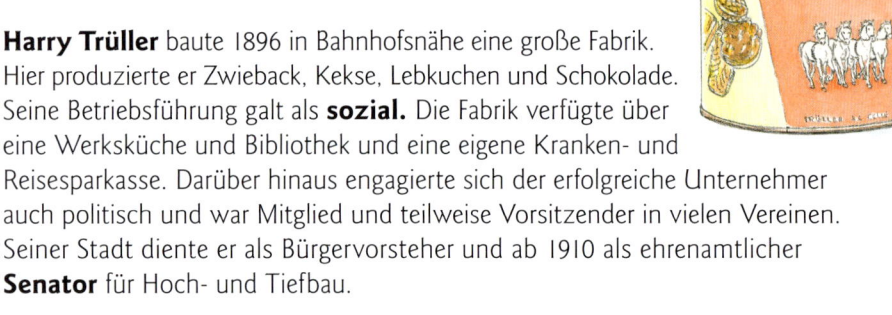

Auch in der **Werbung** ging Trüller neue Wege. Markennamen wie **Viktoria-Zwieback** und **Celler Ruhm** waren weit bekannt. Dafür reimte er Werbe-sprüche wie: »Iß immer düller Zwieback von Trüller«. Die alten **Keks- und Zwiebackdosen** sind heute begehrte Sammlerobjekte. Als Bausenator der Stadt setzte sich Trüller für den Ausbau des Bahnhofes, des Gas-, Wasser- und Elektrizitätswerks ein. Der allgemeine **Fort-schritt** war für den Unternehmer und Erfinder das höchste Ziel.

Trüllers persönlichem Einsatz war es zu verdanken, dass in Celle fast 50 Jahre lang die **Straßenbahn** fuhr. Vorbei war es 1956 mit diesem Großstadtflair. Firma Trüller wurde 1970 verkauft und die Fabrik 1990 abgerissen. Heute existiert Trüller noch als Handelsname für salziges Knabbergebäck.

Dass Celle früher ein Zentrum der **Schirmindustrie** war, wissen heute nur noch wenige. In vielen Ländern der Welt trugen die Menschen Regen- und Sonnenschirme aus Celle. Seit 1836 produzierte **Wilhelm Hugo** in der Zöllnerstraße Schirme, später baute er eine Fabrik Im Kreise und beschäftigte über 1000 Menschen. Alles stellte er selbst her. Leider war die Konkurrenz zu groß und die Firma ging 1900 in Konkurs.

Eigentlich war Nürnberg das Zentrum der **Wachs- und Kerzenherstellung.** Doch Herzog Georg Wilhelm holte 1696 Francesco Guizetti aus Venetien nach Celle und ließ ihn eine Wachsbleiche einrichten. In der Heide gab es viele Bienen und somit reichlich Honig und Wachs. Dieses wurde im Sonnenlicht gebleicht und zu Kerzen verarbeitet. Gemeinsam mit anderen in der Stadt entstandenen Wachsbleichen war Celle bis zum Ende des 19. Jahrhunderts das größte norddeutsche Wachszentrum. Heute werden nur noch in geringem Umfang Kerzen hergestellt. An der Stelle der ersten Celler Wachsbleiche der **Familie Guizetti** in der Speicherstraße befindet sich heute das Pflegewohnstift Guizetti.

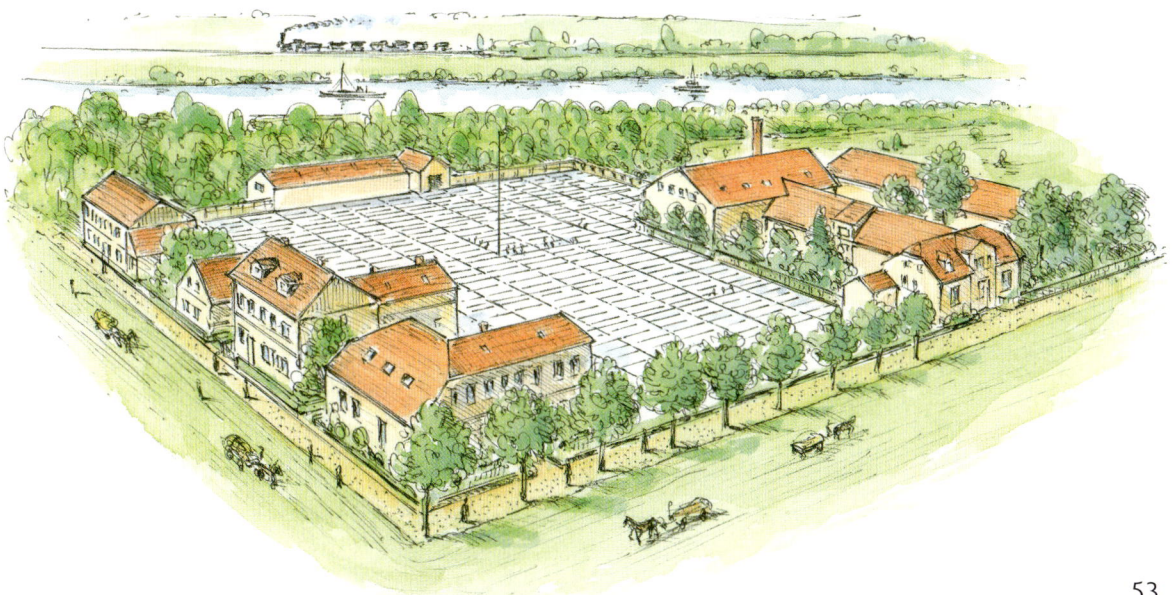

Otto Haesler

Otto Haesler wurde 1880 in München geboren. Er besuchte die Baugewerkeschulen in Augsburg und Würzburg und arbeitete dann in Frankfurt am Main. Sein Fachgebiet war anfangs der Um- und Neubau von **Geschäftshäusern.** 1906 kam er nach Celle und baute das Kaufhaus Freidberg modern um. Heute findest du dort die Buchhandlung Decius. Haesler wirkte fast 30 Jahre als freier **Architekt in Celle.**

Zahlreiche Gebäude wurden von ihm geplant und entworfen. Dabei war er anfangs keinem festen Stil unterworfen, sondern mischte alte und neue Formen. Er baute in Celle auch Villen und Geschäftshäuser. Der Unternehmer Harry Trüller war einer seiner Förderer. Für ihn errichtete Haesler 1908 unter anderem das **Trüllerhaus** in der Westcellertorstraße.

Später wurde Otto Haesler ein Verfechter des sozialen Wohnungsbaus. Er wollte für möglichst viele Menschen bezahlbaren und guten Wohnraum schaffen. Das war zu Beginn des 20. Jahrhunderts noch nicht üblich.

Haesler setzte dabei auf einfache und **klare Formen.** Er erprobte als Erster den Stahlskelettbau, um möglichst **günstig bauen** zu können, und verwendete **Flachdächer.**

Haeslers bedeutendster Bau ist die **Altstädter Schule** von 1927. Sie wurde auch Glasschule genannt und genoss internationale Aufmerksamkeit. Wegen der vielen Besucher wurde zeitweise sogar Eintrittsgeld genommen. Sie gehört bis heute zu den zehn wichtigsten Beispielen des **Neuen Bauens.**

... Architekt der Moderne

Als erste farbig gestaltete Siedlung im Stil des Neuen Bauens entstand 1924/25 nach Plänen von Otto Haesler die **Siedlung Italienischer Garten.** Die Wohnungen waren noch zu groß angelegt, um als günstige Arbeiterwohnungen zu dienen. Viele Celler gewöhnten sich nur schwer an die neue Bauweise. Sie verspotteten die Siedlung als **»Klein-Marokko«.**

Unter Haeslers Leitung entstand zwischen 1925 und 1927 die Siedlung **Sankt-Georg-Garten.** Die 168 kleinen Wohnungen entsprachen eher dem Gedanken des sozialen Wohnungsbaus. Neu war vor allem auch, dass die Wohnblocks in Zeilenbauweise, das heißt quer zur Straße gebaut wurden. In den vorgebauten Gebäuden war Raum für einen Frisör, ein Café und ein **Wasch- und Badehaus.** Aus Platzgründen hatten die Wohnungen nämlich nur eine Toilette und ein Waschbecken.

Ab Mai 1930 wurde schließlich die Siedlung **Blumläger Feld** nach den Plänen von Haesler gebaut. Hier gelang es, viele kleine Wohnungen für zwei, vier und sechs Betten zu schaffen. Haesler entwarf auch Möbel aus Stahlrohr, die er als **Celler Volksmöbel** verkaufte. Im ehemaligen Waschhaus der Siedlung ist das **Haesler-Museum** zu besichtigen.

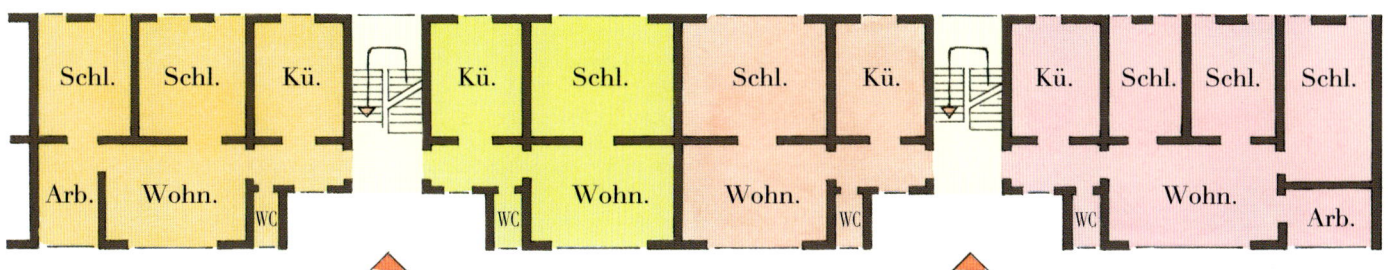

4 Betten   2 Betten   6 Betten

Gutes aus Kieselgur

Eine Persönlichkeit der Gründerzeit in Celle war **Wilhelm Berkefeld.** Er erkannte die guten Isoliereigenschaften der Kieselgur. Dieser Rohstoff wurde im Landkreis Celle im Tagebau abgebaut. Berkefeld kaufte eine Kieselgurgrube von Alfred Nobel, dem Erfinder des Dynamits und Stifter des Nobelpreises und baute 1879 eine **Fabrik für Isolierstoffe** in der Speicherstraße in Celle. Damit legte er den Grundstein für einige bis heute sehr erfolgreiche Unternehmen.

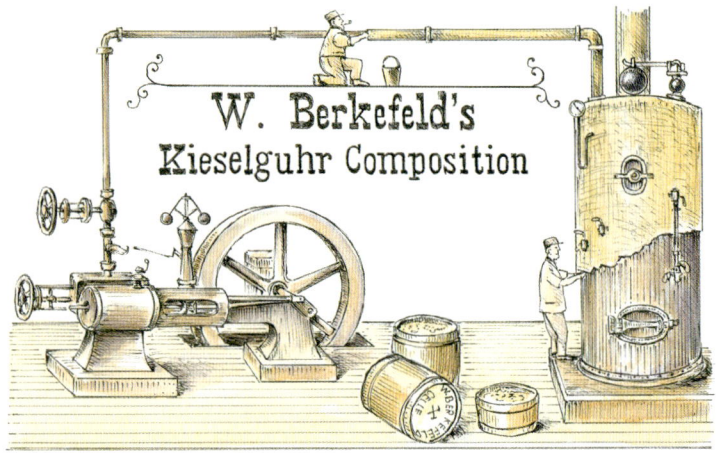

Unterstützung bekam Berkefeld vom jungen Kaufmann **Albert Haacke.** Dieser wurde Berkefelds Teilhaber und gründete 1881 in London eine Tochterfirma. Das Geschäft mit **»Berkefeld's Kieselguhr Composition«** lief sehr gut. Die damit bestrichenen Dampfmaschinen verloren deutlich weniger Energie.

Berkefeld zog sich 1885 aus dem gemeinsamen Geschäft zurück. Er verkaufte die Fabrik an seinen Geschäftspartner und Freund Albert Haacke. Dieser baute die Firma aus. Er verwendete jetzt auch Kork. Außerdem engagierte er sich politisch, wurde **Bürgervorsteher und Senator.** Sein Ziel war eine Verbesserung der Verkehrswege.

Er regte den Ausbau der Eisenbahn, der Kanalisation und den Bau des Hafens an. Auch der Bau der Allerzentrale in Oldau, um elektrischen Strom zu produzieren, geht auf seinen unermüdlichen Einsatz zurück.

HAACKE
—— SEIT 1879 ——

Die Firma Haacke beschäftigt sich heute immer noch mit Isolierstoffen. In Celle und Potsdam werden unter anderem **energiesparende Fertighäuser** produziert und vermarktet. In Westercelle sind einige **Musterhäuser** zu besichtigen.

Wilhelm Berkefeld forschte weiter mit der **Kieselgur.** Er erkannte die gute Filtereigenschaft des Stoffes. An der Wittinger Straße in Celle gründete er 1888 die **Berkefeld-Filter-Gesellschaft** und baute eine Fabrik zur Herstellung von Filtern. Ihren ersten erfolgreichen Einsatz hatten sie bei der Cholera-Epidemie in Hamburg. Damit begann die weltweite Erfolgsgeschichte des Berkefeld-Filters.

BERKEFELD

Die alte Fabrik wurde mittlerweile in einen hübschen **Wohnpark** umgewandelt. Die Firma Berkefeld produziert heute am Lückenweg in Altencelle. Es werden **Wasseraufbereitungsanlagen** hergestellt und weltweit eingesetzt.

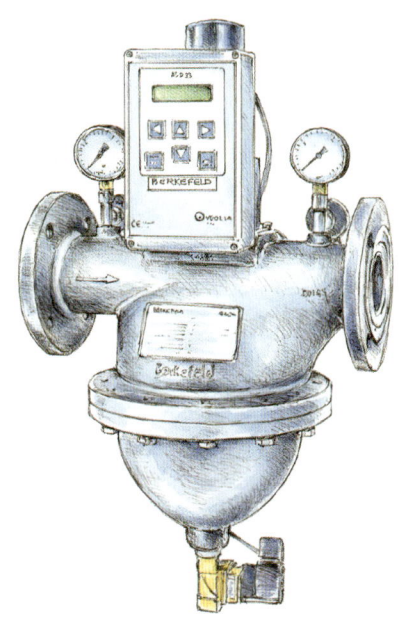

Farben, Flöten und Hightech

Zu den traditionsreichen Celler Unternehmen, die heute noch sehr erfolgreich wirtschaften, gehört auch die **Farbenfabrik Hostmann-Steinberg.** Bereits 1817 gründete der Drogist Johann Ernst Holste das Unternehmen. Er stellte zunächst in seinem Haus Am Heiligen Kreuz Druckerschwärze her. Wegen Feuergefahr siedelte er mit der Produktion zunächst in den Garten seines Geschäftspartners, des Druckers Conrad Heinrich Pick am Bremer Weg, um. Am Wildgarten (heute 77er-Straße) entstand 1823 schließlich die erste Celler Fabrik für Druckerschwärze.

Hostmann-Steinberg

Die Celler Bankiers Carl und Christian **Hostmann** gaben der Firma 1828 ein großes Darlehen und stiegen als Teilhaber ein. Die Herstellung von **Buntfarben** wurde aufgenommen und dafür im heutigen Ortsteil **Klein Hehlen** 1896 eine **neue Fabrik** gebaut. Durch den Eintritt der Berliner Fabrikantenfamilie **Steinberg** kam das Unternehmen 1902 zu seinem heutigen Namen. Der Standort in der 77er-Straße wurde aufgegeben und das Werk am Bremer Weg in Klein Hehlen stetig ausgebaut. Seit 1977 gehört die Farbenfabrik Hostmann-Steinberg zur Münchener **Huber-Gruppe.**

Viele Celler arbeiten bei Hostmann-Steinberg. Die Firma exportiert in **über 100 Länder** der Erde und ist nach wie vor eine gute Adresse für Druckfarben aller Art. Die **Produktpalette** reicht von Farbe für den Druck von Zeitungen, Prospekten, Zeitschriften und Etiketten über Verpackungen, Tragetaschen bis zu Getränkedosen und vielem mehr. www.hsc.de

Noch ein wichtiges Produkt aus Celle sind **Flöten** der Firma **Moeck.** Hermann Moeck senior begann 1930 in der Hannoverschen Straße den Versandhandel von Blockflöten aus dem sächsischen Vogtland. Daneben vertrieb er auch andere Instrumente, wie etwa Gamben und Spinette, später auch eigene Nachbauten historischer Blasinstrumente. Seit 1948 werden bei Moeck eigene **Blockflöten** hergestellt. Sein Sohn wurde 1960 Nachfolger des Seniors. In nunmehr dritter Generation trägt heute Sabine Haase-Moeck, die Enkelin des Gründers, die Verantwortung. Moeck gehört zu den **weltweit bedeutendsten Unternehmen** im Blockflötenbau.

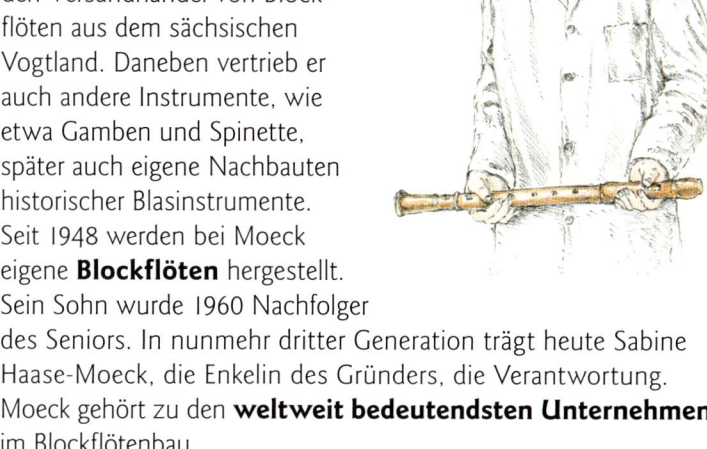

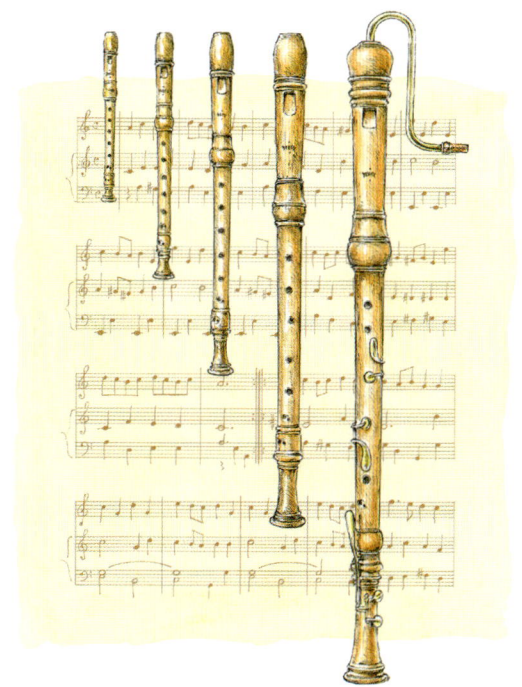

MOECK
MUSIKINSTRUMENTE + VERLAG

Darüber hinaus war Moeck von Anfang an auch ein **Noten- und Musikbuchverlag.** Zahlreiche Titel sind seitdem erschienen. Seit 1976 wird die Fachzeitschrift »Tibia – Magazin für Holzbläser« herausgegeben. www.moeck.com

Die eigentliche »Star-Industrie« im Celler Land hat traditionell mit **Erdöl- und Erdgasförderung** zu tun. Weit über 20 Firmen beschäftigen sich mit dem **Bohren** oder dem Service für Förderbetriebe in der ganzen Welt. In Celle gibt es mehr **Fachkompetenz** zu diesem Thema als im Rest des Landes. Darum gibt es seit 1937 die **Bohrmeisterschule** Celle. Viele amerikanische Firmen haben in Celle Tochtergesellschaften gegründet. Manche nennen Celle deshalb auch das »deutsche Houston«. Firmen und Institutionen bündeln derzeit ihr Fachwissen im Verein **GeoEnergy Celle**, um die Forschung im Bereich **Geothermie** voranzubringen und den Standort zu sichern. www.geoenergy-celle.de

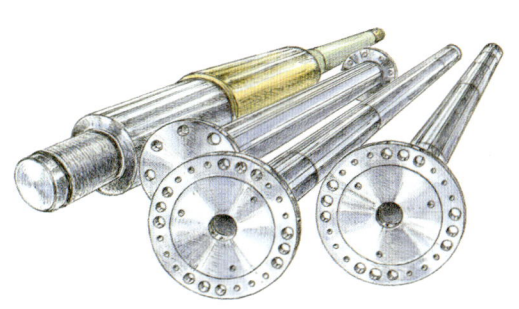

Das traditionsreichste Celler Bohrunternehmen ist die Internationale Tiefbohr AG **ITAG.** Gegründet wurde sie 1912 vom in Winsen an der Aller geborenen Hermann von Rautenkranz. Er war einer der deutschen **Erdölpioniere** und bohrte in vielen Ländern der Welt. Nach 100 Jahren gehört die ITAG immer noch zu den führenden Firmen der Branche. Die Produkte genießen **weltweit** einen sehr guten Ruf.

Kloster Wienhausen

Eine **Sehenswürdigkeit** im Celler Landkreis ist das Kloster in Wienhausen an der Aller. Es wurde um 1230 von Agnes von Meißen und Landsberg gegründet und gehörte dem **Zisterzienser-Orden** an. Die Nonnen kamen vor allem aus reichen Familien, so dass dem Kloster viele Ländereien und Einkünfte geschenkt wurden.

Im Zuge der **Reformation** unter Herzog Ernst dem Bekenner wurden die Klostergüter eingezogen, zahlreiche Gebäude abgerissen und das Kloster in ein **evangelisches Damenstift** umgewandelt. Heute leben und arbeiten hier immer noch bis zu zwölf Konventualinnen mit ihrer Äbtissin.

Bekannt ist das Kloster Wienhausen heute vor allem für seine Kunstschätze, die du im Rahmen von Führungen besichtigen kannst. Dazu gehören die wohl **ältesten Brillen der Welt** und die berühmten **gotischen Bildteppiche.**

Papier seit der Reformationszeit

Herzog Ernst der Bekenner brauchte für die Reformation in seinem Fürstentum sehr viel Papier, und zwar für neue Verordnungen und religiöse Schriften. Darum ließ er 1538 in Lachendorf eine **Papiermühle** bauen. Sie wurde ständig ausgebaut und erweitert, bis 1846 schließlich die erste **Papiermaschine** anlief.

Die Papierherstellung war eine sehr anstrengende Arbeit. Die Papiermacher machten aus **Lumpen** (abgelegte Kleidung) und dem Wasser der Lachte **feinstes Schreibpapier.** Dafür waren viele Arbeitsschritte nötig. Die Lumpen mussten gewaschen, zerschnitten und zu Brei gestampft werden. Dann wurde das Papier geschöpft, gepresst und getrocknet. Eine besondere Kunst war es, schöne Wasserzeichen in das Papier einzuarbeiten. Das ältestes Lachendorfer **Wasserzeichen** zeigt einen Löwen mit erhobener Pranke. Es befindet sich zum Beispiel auf der neuen Kirchenordnung von Herzog Ernst von 1540.

Marcus Drewsen übernahm 1714 die Pacht der Papiermühle. Seitdem ist der Name Drewsen untrennbar mit der Papierherstellung in Lachendorf verbunden. Seine Nachfahren führten die Mühle in das Industriezeitalter und durch manche Krise. So sorgten sie dafür, dass heute in Lachendorf die **älteste Papierfabrik Niedersachsens** steht, die immer noch sehr erfolgreich Papier herstellt.

DREWSEN
SPEZIALPAPIERE

Heute werden in der **Papierfabrik DREWSEN** Spezialpapiere auf großen Maschinen produziert und weltweit verkauft. Wissenswertes erfährst du im Lachendorfer **Haus der Papiergeschichte**.

Bergbau in der Heide

Was viele heute nicht mehr wissen: In der Lüneburger Heide betrieb man im großen Stil Bergbau. In Hambühren, Ovelgönne, Steinförde, Habighorst, Höfer und Wathlingen wurden seit Anfang des 20. Jahrhunderts über einen Kilometer **tiefe Schächte** angelegt und **Kali- und Steinsalz** gefördert. Die Bergwerke sind längst wieder stillgelegt. In Höfer erinnern noch das **Förderrad** und eine Lore an die Vergangenheit.

Die Wathlinger nennen ihren Berg **»Monte Kali«.** *Er zeigt ihnen auch das Wetter an. Bei hoher Luftfeuchigkeit ist er dunkel. Wird's trocken und heiß, dann ist er weiß.*

Es war eine anstrengende Arbeit, die **Schätze des Bodens** zu heben. Viele neue Arbeiter zogen in die Region. Die kleinen Heidedörfer wuchsen. Immer tiefer und tiefer wurden die Schächte getrieben, bis es zu heiß zum Arbeiten wurde. Heute wird hier kein Salz mehr abgebaut. Der Schacht in Höfer war als Alternative zu Gorleben im Gespräch. Hier sollte Atommüll entsorgt werden. Stattdessen werden die Schächte nun **mit Wasser verfüllt.** Besonders eindrucksvoll ist der **Kaliberg** in Wathlingen. Etwa 110 Meter hoch liegt hier weithin sichtbar der Abraum des Schachtes Niedersachsen. Der Verein Kleinbahn Wathlingen-Ehlershausen bemüht sich um den Erhalt der **Kalibahn** und veranstaltet Fahrten auf der alten Strecke rund um den Berg. Im Sommer gibt es als Ferienpass-Aktion Fahrten mit der Draisine.

Ein eher **unbekannter Bodenschatz** ist die Kieselgur. Sie besteht aus mikroskopisch kleinen Schalen der Kieselalge und sieht aus wie feines Mehl. Kieselgur wurde zuerst im Landkreis Celle entdeckt und seit 1863 bei Neuohe im **Tagebau** abgebaut. Dafür musste zunächst der darauf-liegende Sand abgetragen werden. Auf diese Weise entstanden tiefe Gruben, die du zum Teil auch heute noch gut sehen kannst.

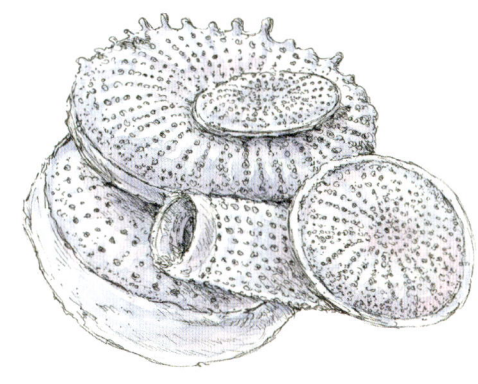

Die **Kieselgur** wurde auch Bergmehl genannt. Sie wurde aufwendig abgegraben und mit Schubkarren und Loren aus der **Grube** gebracht. Später übernahmen kleine Dieselloks und Bagger diese Arbeit. Kieselgur muss vor der Weiterverarbeitung getrocknet werden. Darum war der Abbau lange Zeit eine **Saisonarbeit** im Sommer. Der Rohstoff war sehr begehrt, weil er sehr viele gute Eigenschaften besitzt.

Alfred Nobel machte sich die große Saugfähigkeit der Kieselgur zunutze. Er kombinierte Nitroglycerin damit und erfand so 1867 das **Dynamit.**

Der Celler Unternehmer Wilhelm Berkefeld erkannte die guten Isolier- und Filtereigenschaften der Kieselgur. Er legte damit den Grundstein für ganz neue Industriezweige. Auch heute noch findet Kieselgur in vielen Bereichen Verwendung. Der Abbau im Landkreis Celle endete allerdings 1996 aus wirtschaftlichen Gründen.

An die Vergangenheit erinnert der **Kieselgur-Rundwanderweg** und im Albert-König-Museum in Unterlüß findest du eine interessante **Dauerausstellung** zum Thema.

Schwarzes Gold

Seit Jahrhunderten quoll nahe dem Heidedorf **Wietze** schweres Erdöl aus dem Boden. Die Bauern sammelten es in sogenannten **Teerkuhlen** und schöpften es ab. Verwendet wurde dieser Wietzer Teer vor allem als Wagenschmiere. Der Naturwissenschaftler **Georg Christian Konrad Hunäus** vermutete unter den Teerkuhlen Braunkohle und begann **1858** eine Probebohrung. In gut 35 Meter Tiefe stieß er auf einen Stein und brach die Bohrung ab. Der aus der Bohrung austretenden zähen Flüssigkeit gab er den Namen **Erdöl.** Diese erste erdölfündige Bohrung Europas fand zunächst wenig Beachtung. An der **Hunäus-Bohrung** befindet sich heute eine sehenswerte **Installation** (Wietze, Industriestraße).

Ein regelrechter **Ölrausch** brach in Wietze erst gegen Ende des 19. Jahrhunderts aus, als neue Bohrungen richtig fündig wurden. Bald standen überall Bohr- und Fördertürme. Die Landschaft veränderte sich. Wietze wurde deshalb auch **»Klein-Texas in der Heide«** genannt.

Über 2000 Bohrungen wurden allein in der Gegend um Wietze niedergebracht. Davon waren rund 1600 fündig.

Viele Menschen folgten dem Ruf des »schwarzen Goldes« und fanden Arbeit. Wietze wuchs und veränderte sich. Eine **Wietzer Besonderheit** war es, dass hier bis 1963 bergmännisch **Ölsand** abgebaut wurde. Den Nachbau eines solchen Bergwerkstollens findest du im Deutschen Erdölmuseum Wietze.

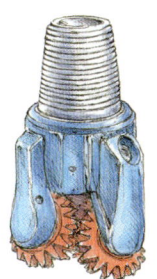

Das **Deutsche Erdölmuseum** steht seit 1970 in Wietze auf dem alten Erdölfeld. Anschaulich wird die Entstehung, Förderung und Verarbeitung des Erdöls erklärt. Es gibt jede Menge **Schautafeln** und **Ausstellungsstücke** zum Thema. Für Schulklassen steht auch ein Seminarraum zum **Experimentieren** bereit. Auf dem großen **Freigelände** findest du viele alte und auch moderne Anlagen zur Erdölgewinnung und -verarbeitung. Auch eine Sammlung von Fahrzeugen gehört dazu. www.erdoelmuseum.de

An besonderen Aktionstagen und auf speziellen Wunsch bei Gruppenführungen fährt die **Dicke Berta** die Besucher über das Freigelände. Sie ist eine Feldbahnlokomotive, wie sie hier auch früher im Einsatz war. Bei der Museumsrallye kannst du das **»Ölmuckeldiplom«** ablegen.

Der 58 Meter hohe **Bohrturm** auf dem Freigelände ist ein Wahrzeichen der Gemeinde Wietze. Bis 1986 wurde er für tiefe Bohrungen eingesetzt. In der Umgebung gibt es noch den **Ölberg** und die Hunäus-Bohrung zu entdecken.

Bei einer Führung erfährst du viel Wissenswertes. Zum Beispiel wurde Erdöl früher in alten **Heringsfässern** transportiert. Davon kommt die heute noch gängige Handelseinheit **Barrel**.

Auch an anderen Orten im Celler Land wurde erfolgreich nach Erdöl gebohrt. Besonders zu erwähnen sind **Nienhagen** und **Hohne,** wo noch viel mehr gefördert wurde. An die Hohner Erdölzeit erinnert das kleine, aber feine Energiemuseum in Spechtshorn.

Tierischer Landkreis

Ein Höhepunkt für Natur- und Tierfreunde ist **Gut Sunder.**
Bereits 1548 baute sich der lüneburgische Kanzler Baltasar Klammer nahe Meißendorf seinen Landsitz zum Erholen und Jagen. Die Familie **von Schrader** übernahm das Gut 1752 und legte einen Landschaftsgarten an. Ernst von Schrader begann 1881 mit der Karpfenzucht. Viele Teiche entstanden, bis Gut Sunder die **größte Karpfenzucht Norddeutschlands** war. Davon zeugt heute noch der Karpfen auf dem Dach des Herrenhauses.

Im alten **Herrenhaus** befindet sich heute ein Cafébetrieb. Hier gibt es leckeren Kuchen. Seit 1980 betreibt der **NABU** auf Gut Sunder ein überregional bekanntes **Bildungszentrum**. Es gibt viele Seminarangebote für große und kleine Naturfreunde. Auch **Klassenfahrten** dorthin sind ein Spitzenerlebnis. Schlafen kann man dann im Haus, in Gruppenzelten oder in der Strohscheune. Im Umfeld gibt es viele Möglichkeiten zur Naturentdeckung. Besonders nahe kommst du den Tieren in der **NABU-Wildtiernis.** Mit versteckten Kameras kannst du die Tiere genau beobachten. Siehe, was sonst verborgen ist.

Seit 1984 ist der Großteil der alten **Fischteiche** unter Naturschutz gestellt. Ein **Wanderweg** mit Aussichtstürmen führt herum. Den solltest du gesehen haben. Auf den Teichen rasten viele Zugvögel. Seeadler und Eisvogel leben hier und mehr als 400 Schmetterlings- und Libellenarten. Der größte Teich steht nicht unter Naturschutz. Hier bietet der **Hüttenseepark** Camping- und Bademöglichkeiten. Auch Bootfahren ist möglich.

Du kannst auf Gut Sunder sogar die Ausbildung zum **Juniornaturschutzberater** machen. Aber auch ohne Seminar, für den Familienausflug oder zum Spazierengehen sind das NABU-Gut Sunder und seine Umgebung immer eine Reise wert.

Der **Wildpark Müden/Örtze** ist ebenfalls den heimischen Tieren gewidmet. Hier findest du Waschbären, Heidschnucken und Mufflons und auch Dam- und Sikawild. Zwei Elche leben ebenso im Park wie eine große Gruppe **Rotwild.** Auch einer **Wildschweinrotte** kannst du ganz nahe kommen. Zum Streicheln gibt es eine **Ziegenwiese.** Hin und wieder hoppelt auch mal ein ausgebüxter Hase über den Weg.

Einer der Höhepunkte ist die tägliche **Fütterungstour.** Mit dem Tierpfleger geht's dann zu Elch, Wildschwein & Co. Dabei erfährst du viel über die heimischen Wildtiere. Täglich wird eine **Greifvogel-Flugschau** geboten. Der **schöne Rundweg** führt dich durch den ganzen Park. Dabei kannst du viel erleben. Die Rothirsche fressen dir aus der Hand – wenn du mutig genug bist. Spezielles **Tierfutter** ist an der Kasse erhältlich.

Etwas Besonderes ist auch der **Filmtierpark** zwischen Höfer und Eschede. Der bekannte Filmtiertrainer **Joe Bodemann** hat sich damit einen Traum verwirklicht. Über 70 Tierarten leben hier. Alle sind **von Hand aufgezogen** und **auf Menschen geprägt.** Einige der Tiere waren bereits im Fernsehen. Täglich wird die Show der **Filmtiere** aufgeführt. Dabei treten echte Raubtiere auf, die du dabei anfassen und streicheln kannst.

Im Filmtierpark kannst du den Tieren aber sogar noch näher kommen, bei einer **privaten Tieraudienz** mit dem weißen **Löwen** Jambo, der **Tigerin** Indira, dem **Schwarzbären** Balu und anderen. Das ist einmalig in Europa. Entspannung bietet dann das **Dschungelcafé.**

Museen und Ausstellungen

In Celle

Bomann-Museum Celle
Museum für Kultur- und Landesgeschichte
Schloßplatz 7, 29221 Celle
Tel. 05141/12372, www.bomann-museum.de
Di–So 10–17 Uhr; freitags Eintritt frei

Institut für Bienenkunde
Mit Sammlung alter Bienenkörbe und Arbeitsgeräte
im historischen Treppenspeicher
Herzogin-Eleonore-Allee 5, 29221 Celle
Besichtigung im Rahmen einer Stadtführung
und am Tag der offenen Tür im September

Residenzmuseum im Schloss
Landes- und Residenzgeschichte im Welfenschloss
Schloßplatz 1, 29221 Celle
Tel. 05141/12373, www.residenzmuseum.de
Di–So 10–17 Uhr; freitags Eintritt frei

Celler Garnison-Museum
Garnisonsgeschichte von 1866 bis in die Gegenwart
Hafenstraße 4, 29223 Celle
Tel. 05141/214642
Mi 13–18 Uhr und nach Vereinbarung

Das Deutsches Stickmustermuseum
Sammlung Elfi und Hans-Joachim Connemann
Palais im Prinzengarten, 29223 Celle
Tel. 05141/382626
Di, Mi, Sa, So 10–13 und 13.30–17 Uhr

Haesler-Museum
wohnen und leben in bauhausarchitektur
Rauterbergweg 1, 29221 Celle
Tel. 05141/217487, www.haeslerstiftung.de
Jeden 1. So im Monat 15–18 Uhr und n.V. Eintritt frei

Kunstmuseum Celle
Das erste 24-Stunden-Kunstmuseum der Welt,
mit Sammlung Robert Simon
Schloßplatz 7, 29221 Celle
Tel. 05141/12685, www.kunst.celle.de
Di–So 10–17 Uhr innen und
17–10 Uhr außen;
freitags Eintritt frei

Schützenmuseum
Sammlung zur Celler Schützengeschichte
Altencellertorstraße 1, 29221 Celle
Tel. 05141/84145; Führungen nach Vereinbarung

Synagoge
Kleines Museum mit wechselnden Ausstellungen
Im Kreise 24, 29221 Celle
Tel. 05141/936000, www.celle.de
Di–Do und So 12–17 Uhr, Fr. 10–15 Uhr

Im Norden des Landkreises

Afrika-Museum Sülze
Kunst und Kultur aus Afrika
Buhrnstraße 9, 29303 Bergen-Sülze
Tel. 05054/1209
Öffnungszeiten auf Anfrage

Erinnerungsstätte Luftbrücke Berlin
Fliegerhorst Faßberg
Zugang über Waldweg, 29328 Faßberg
Tel. 05055/8055, www.luftbrueckenmuseum.de
April–Okt. Mo–Do 13–17 Uhr, Fr 13–15 Uhr,
So 13–17 Uhr, an Feiertagen geschlossen
(außer Sonntage); Eintritt frei

Gedenkstätte Bergen-Belsen
Erinnerungsort und Dokumentationszentrum
des ehemaligen Konzentrationslagers
Anne-Frank-Platz,
29303 Lohheide
Tel. 05051/47590,
www.bergen-belsen.de
April–Sept. 10–18 Uhr
Okt.–März 10–17 Uhr

Heimatmuseum Hermannsburg
Historische Rückschau und lebendige Gegenwart
Harmsstraße 3a, 29320 Hermannsburg
Tel. 05052/8055 und 05052/94044
April–Okt. Di, Do und So 15–17 Uhr
und nach Vereinbarung; Eintritt frei

... in Stadt und Landkreis

Heimatmuseum Römstedthaus
Gebäude und Gegenstände des 17. Jahrhunderts
und Exponate der Bronzezeit
Am Friedensplatz 7, 29303 Bergen
Tel. 05051/6612
April–Okt. Di–Do 9.30–12 Uhr und 15–17 Uhr
zusätzlich Juli–Sept. Fr 15–17 Uhr und Sa/So
10–12 und 14.30–16.30 Uhr; Eintritt frei

Ludwig-Harms-Haus Hermannsburg
Ev.-luth. Missionswerk in Niedersachsen
Harmsstraße 2, 29320 Hermannsburg
Tel. 05052/69270, www.ludwig-harms-haus.de
Mo–Sa 8.30–18 Uhr und So 14–18 Uhr

Waldarbeitmuseum Becklingen
Holzwirtschaft im Wandel der Jahrhunderte
Becklingen 7, 29303 Bergen-Becklingen
Tel. 05051/1667 und 05051/7535
April–Sept. So 14–17 Uhr und nach Vereinbarung

Im Osten des Landkreises

Albert-König-Museum
Das Kunstmuseum in der Südheide; mit
Kieselgurerlebnisausstellung
Albert-König-Straße 10, 29345 Unterlüß
Tel. 05827/369, www.albertkoenigmuseum.de
Mai–Okt. Di–So 14.30–17.30 Uhr und Nov.–April
Sa/So 14.30–17.30 Uhr

Arno-Schmidt-Stiftung
Wohn- und Arbeitshaus des Schriftstellers
Besichtigung nach Anmeldung möglich
Unter den Eichen 13, 29351 Eldingen-Bargfeld
Tel. 05148/92040, www.arno-schmidt-stiftung.de

Energiemuseum Spechtshorn
Kleine Ausstellung zur Geschichte der
Erdölgewinnung in der Region
Am Eichhof, 29362 Hohne-Spechtshorn
Tel. 05083/791; Öffnungszeiten nach Vereinbarung

Haus der Lachendorfer Papiergeschichte
Zur Entwicklung der Papierherstellung
Oppenhäuser Straße 3, 29331 Lachendorf
Tel. 05145/6269; Öffnungszeiten auf Anfrage

Markmanns Spielzeugstuben
Spielzeugmuseum für Jung und Alt
Bahnhofstraße 1, 29348 Eschede
Tel. 05142/831, www.spielzeugstuben.de
Di–Fr 9–12 und 15–18 Uhr, Mo, Sa, So
und Feiertage nach Vereinbarung

Im Westen des Landkreises

Deutsches Erdölmuseum Wietze
Geschichte der Erdölförderung an
historischer Stelle
Schwarzer Weg 7–9, 29323 Wietze
Tel. 05146/92340, www.erdoelmuseum.de
März–Nov. Di–So 10–17 Uhr,
Juni–Aug. zusätzlich bis 18 Uhr,
Juli und Aug. auch montags geöffnet

Winser Museumshof
Freilichtmuseum einer typischen Heidehofanlage
Brauckmanns Kerkstieg, 29308 Winsen (Aller)
Tel. 05143/8140, www.winser-heimatverein.de
Karfreitag–Okt. Mi, Sa 15–18 Uhr,
So und feiertags 11–18 Uhr,
Juni–Aug. zusätzlich Fr 15–18 Uhr

Wasserkraftwerk Oldau
Technisches Denkmal mit Ausstellungshaus
Schwarzer Weg 1, 29313 Hambühren-Oldau
Tel. 0152/53810424, www.tech-museum-oldau.de

Im Süden des Landkreises

Dorfmuseum Langlingen
Heimatkundliches Museum mit Aktionstagen
Hauptstraße 44, 29364 Langlingen
Tel. 05082/322; Sonderöffnungszeiten an Aktionstagen
und nach Vereinbarung

Kloster Wienhausen
Ausstellungen und Führungen
An der Kirche 1, 29342 Wienhausen
Tel. 05149/18660, www.kloster-wienhausen.de
An Werk- und Feiertagen Führungen,
montags geschlossen

Wandern, Paddeln, Kutschfahrten

Stadtführungen

Celles Vielfalt entdeckst du am besten im Rahmen einer Stadtführung. Es gibt spezielle Themen- und Kostümführungen z.B. mit dem Nachtwächter oder der Marktfrau, aber auch Kinderführungen.

Gästeführungsdienst Celle
Tourismus und Stadtmarketing Celle GmbH
Markt 14–16, 29221 Celle
Tel. 05141/12454 und 127666
www.celle-fuehrungen.de

Celler Pipenposten
Arbeitsgemeinschaft unabhängiger Gästeführer
Winsener Straße 8b, 29223 Celle
Tel. 05141/900458, www.celle-stadtfuehrung.de

Celle für'n Appel und 'n Ei
Reise-Service Edith Domscheit
Schloßplatz 8, 29221 Celle
Tel. 05141/4826085, www.stadtfuehrung-celle.de

Kutsch- und Planwagenfahrten

Stadt und Land kannst du auch im gemächlichen Schritttempo einer Pferdekutsche erleben.

Erlebnisfahrten mit Pferd und Wagen
Pferdefuhrbetrieb Schubotz
Westerceller Straße 34, 29227 Celle
Tel. 05141/98790, www.schubotz-muehle.de

Heidekutscher Braun
Winsener Straße 10, 29303 Bergen
Tel. 05051/3626, www.heidekutscher.de

Krüger Heidefahrten
Neu-Lutterloh 3, 29345 Unterlüß
Tel. 05827/1569, www.heidefahrten-krueger.de

Kutschfahrten Zeck
Im Winkel 3, 29342 Wienhausen
Tel. 0160/6050302, Herr Weidemann

Misselhorner Hof
Misselhorn 1, 29320 Hermannsburg
Tel. 05052/8001, www.misselhornerhof.de

Planwagenfahrten in die Heide
Lotharstraße 62, 29320 Hermannsburg
Tel. 05052/1334, www.h-rosenbrock.de

Wandern, Radfahren und Reiten

In und um Celle gibt es viele ausgewiesene Wander-, Radfahr- und Reitwege. Aktuelle Angebote gibt's bei den Touristeninformationen.

Touristeninformation Celle
Markt 14–16, 29221 Celle
Tel. 05141/1212, www.celle-tourismus.de

Touristinformation Winsen
Am Amtshof 4, 29308 Winsen (Aller)
Tel. 05143/912212, www.vkv-winsen.de

Touristinformation Müden (Örtze)
Unterlüßer Straße 5, 29328 Müden (Örtze)
Tel. 05053/989222,
www.touristinformationmueden.de

Tourist-Info Flotwedel in Wienhausen
Mühlenstraße 5, 29342 Wienhausen
Tel. 05149/8899, www.wienhausen.de

Naturparkinformationszentrum Eschede
Bahnhofstraße, 29348 Eschede
www.touristinfo-eschede.de

Lüneburger Heide GmbH
Wallstraße 4, 21335 Lüneburg
Tel. 0700/20993099, www.lueneburger-heide.de

Region Celle Navigator
www.region-celle-navigator.de

Paddeln und Rudern

Bootstouren auf Aller, Fuhse und den Heidebächen Örtze und Lachte sind ein schönes Erlebnis.

Aller-Leih
Fritzenwiese 49, 29221 Celle
Tel. 05141/9939216, www.allerleih-celle.de

Boots- und Fahrradvermietung Könemann
Lindenweg 11, 29320 Hermannsburg
Tel. 05052/1415, www.bootsvermietung-oertze.de

Bootsverleih am Allerhorn
Dorfstraße 23, 29323 Wietze-Hornbostel
Tel. 05146/987968, www.allerhorn.de

Bootsverleih von der Ohe
Eschenweg 2, 29328 Faßberg
Tel. 05055/8888, www.bootsverleih-oertze.de

Bootsvermietung Markiewicz
Pappelallee 46, 29320 Faßberg

Bootsvermietung Örtzepark »Kanu Ruge«
Lotharstraße 7, 29320 Hermannsburg

Kanu-Feeling auf Aller & Örtze
Celler Straße 21, 29320 Hermannsburg
Tel. 05052/912929, www.kanu-feeling.de

Meyer's Kanatour
Wolthäuser Straße 20, 29308 Winsen (Aller)
Tel. 05143/93015, www.kanatour.de

Rodenwaldt-Incentives
Dorfstraße 2, 29342 Wienhausen
Tel. 05149/987710, www.rodenwaldt.de

Kultur und Badespaß

Natur, Spiel und Spaß

Natur erleben oder einfach nur Spaß haben und toben – Celle hat von allem etwas zu bieten.

Nabu-Gut Sunder
29308 Winsen-Meißendorf
Tel. 05056/9701-11 und -34,
www.nabu-gutsunder.de

Wildpark Müden
Heuweg 23, 29328 Müden (Örtze)
Tel. 05053/987050, www.wildpark-müden.de

Filmtierpark Eschede
Joe Bodemann Zentrum
Am Aschenberg 27, 29361 Höfer
Tel. 05142/987227, www.filmtierpark.de

Landlümmels
Landhaus Averbeck
Hassel 3, 29303 Bergen
Tel. 05054/249, www.landluemmels.de

Kinderparadies 10-Elfenland
Heineckes Feld 11, 29227 Celle
Tel. 05141/2080835, www.10-elfenland.de

Viva-Arena
Indoor-Aktivpark
Zum Bolz 12, 29356 Bröckel
Tel. 05144/93660, www.viva-arena.de

Kunst und Kultur

Sehenswerte Ausstellungen und Veranstaltungen gibt es unter anderem an den folgenden Orten.

Schlosstheater Celle
Theaterkasse, Markt 18, 29221 Celle
Tel. 05141/9050875, www.schlosstheater-celle.de

Kunst & Bühne
Nordwall 46, Kartenbestellung Tel. 05141/1212

Kaleidoskop
Kleinkunst auf dem Findelhof
Ziegeleiweg 2, 29342 Bockelskamp
Tel. 05149/8262, www.findelhof.de

Kultur in der Scheune
Hof Wietfeldt
Bennebostel 1, 29227 Celle
Tel. 05141/85519, www.hof-wietfeldt.de

Kulturcafé Nebenan
Küsterdamm 9, 29308 Winsen (Aller)
Tel. 05143/668322, www.nebenan-in-winsen.de

Dat Groode Hus
Winser Museumshof
Brauckmanns Kerkstieg 4–10, 29308 Winsen (Aller)
Tel. 05143/8140, www.winser-heimatverein.de

Schwimmbäder

Sollte es für einen Stadtspaziergang zu heiß sein, kannst du dich in einem der Schwimmbäder oder Badeseen abkühlen.

Celler Badeland
77er-Straße 2, 29221 Celle
Tel. 05141/9519350, www.celler-badeland.de

Freibad Eschede
Im Brunshagen 1, 29348 Eschede
Tel. 05142/410698, www.freibad-eschede.de

Freibad Papenhorst
Nienhagener Straße 33, 29336 Nienhagen
Tel. 05144/4590, www.gemeinde-nienhagen.de

Freibad Westercelle
Wilhelm-Hasselmann-Straße 49, 29227 Celle
Tel. 05141/977369, www.freibad-westercelle.de

Frei- und Hallenbad Winsen
Bannetzer Straße 34, 29308 Winsen (Aller)
Tel. 05143/988834, www.schwimmbad-winsen.de

Hallenbad Europabad Nienhagen
Jahnring 11, 29336 Nienhagen
Tel. 05144/8262, www.gemeinde-nienhagen.de

Heideschwimmbad Höfer
Am Schwimmbad 12, 29361 Höfer
Tel. 05145/280705, www.hoefer-celle.de

Strandfreibad Langlinger Schleuse
Lüters Weg, 29365 Langlingen
Tel. 05149/18134, www.flotwedel.de

Strandbad Ovelgönne
Oldauer Straße, 29313 Hambühren
Tel. 05084/601227, www.hambuehren.de

Waldschwimmbad Hohne-Spechtshorn
Am Schwimmbad 23, 29362 Hohne
www.waldbad-hohne-spechtshorn.de

Badeseen

Ferienpark Heidesee
29328 Faßberg
Tel. 05827/970546, www.campingheidesee.de

Ferienpark Hüttensee
29308 Winsen-Meißendorf
Tel. 05056/941880,
www.campingpark-huettensee.de

Silbersee
Zum Silbersee 19, 29229 Celle
Tel. 05141/31223

Rätsellösungen & Impressum

Die Autoren

Florian Friedrich studierte Gartenbau in Hannover-Herren-hausen. Er lebt und arbeitet heute freiberuflich als Autor und Kulturlandschaftsforscher in seiner Geburtsstadt Celle.

Peter Fischer lebt in Winkeldorf bei Rotenburg. Seit seinem Studium von Grafik-Design und Visueller Kommunikation arbeitet er als freier Zeichner und Illustrator sowie als Zeichenlehrer.

Danksagung

Wir danken der Sparda-Bank Hannover-Stiftung und dem Museumsverein Celle für die finanzielle Unterstützung sowie allen Freunden und Kollegen, die uns mit Rat und Tat zur Seite standen, insbesondere Dietlind von Bernuth, Sabine Maehnert, Eckart Rüsch und Rainer Voss für inhalt-liche Hilfestellung. Besonderer Dank gilt Merle (elf Jahre), die das Entstehen des Buches mit ihrem Blick aus Kinder-augen kritisch begleitete.

Schriften

ITC Goudy Sans LT
Seagull

Impressum

Die Deutsche Nationalbibliothek verzeichnet diese Publikation in der Deutschen Nationalbibliografie; detaillierte bibliografische Daten sind im Internet über http://dnb.d-nb.de abrufbar.

Korrektorat: Wolfgang Krüger
Gestaltung: Christine Klein

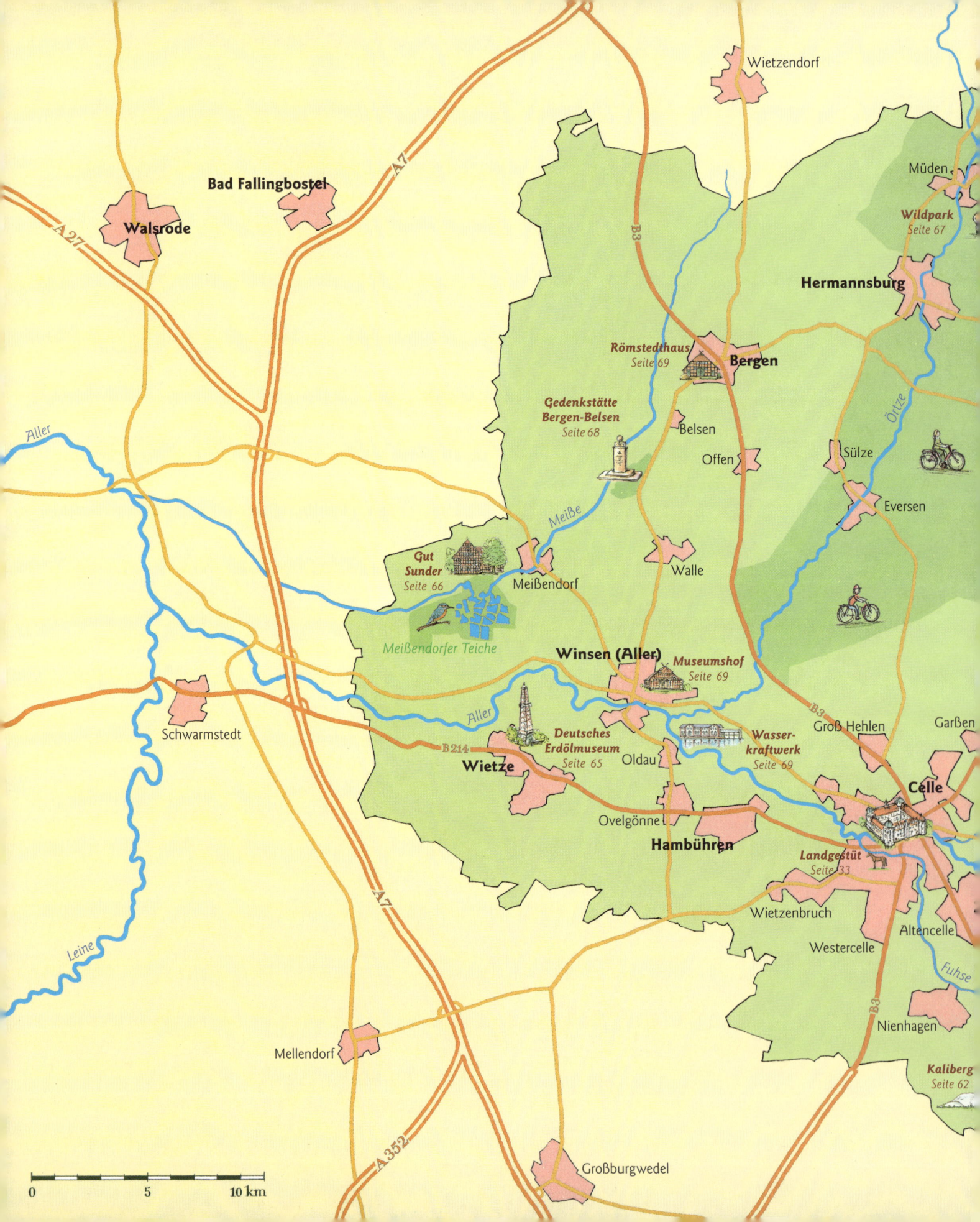

Wietzendorf

Müden

Wildpark
Seite 67

Hermannsburg

A 7

A 27

Bad Fallingbostel

Walsrode

B 3

Römstedthaus
Seite 69

Bergen

Örtze

Gedenkstätte
Bergen-Belsen
Seite 68

Belsen

Sülze

Offen

Eversen

Aller

Meiße

Gut
Sunder
Seite 66

Walle

Meißendorf

Meißendorfer Teiche

Winsen (Aller)

Museumshof
Seite 69

Aller

Deutsches
Erdölmuseum
Seite 65

Wasser-
kraftwerk
Seite 69

Groß Hehlen

B 3

Garßen

Schwarmstedt

B 214

Wietze

Oldau

Celle

Ovelgönne

Hambühren

Landgestüt
Seite 33

A 7

Leine

Wietzenbruch

Altencelle

Westercelle

Fuhse

B 3

Nienhagen

Mellendorf

A 352

Kaliberg
Seite 62

Großburgwedel

0   5   10 km